『十三五』国家重点出版物出版规划项目

徽州文物图录

三

杨永生　翟屯建◎主编

中国科学技术大学出版社

胡庆国宅

位于歙县雄村镇鲍坑村八组，建于清代。坐北朝南，二进三开间一天井。通面阔10.15米，通进深12.3米，占地面积124.8平方米。有花板，大门有门楼，有砖雕，刻有人物。原有格子窗。有方形石础、石鼓。

胡庆红宅

位于绩溪县上庄镇宅坦村南街37号，建于清代后期。占地面积110平方米。坐西北朝东南。硬山式屋顶，外砌封火墙，抬梁穿斗并用式梁架，方砖地坪。前、后堂用一木板墙隔分，前、后两天井，整栋建筑结构保存基本完整。

胡庆良宅

位于黟县碧阳镇赤岭村，建于清代。坐北朝南，开间9.65米，进深8.1米，占地面积78.2平方米。三开间有天井砖木结构二层建筑。木构架承重，木构配件、隔扇等制作较好。

胡庆梅宅

位于歙县北岸镇五渡村，建于清代。坐北朝南，二进三开间。通面阔8米，通进深12.45米，占地面积99.6平方米。门楼被改造，内有诸多木雕，斜撑狮雕精美。厅中有『敬德堂』匾。

胡庆平宅

位于黟县碧阳镇南屏村，建于清代。坐东朝西，开间9.75米，进深12米，占地面积117平方米。三开间带二厢前后厅中天井二层建筑。木构配件及隔扇门窗、横风窗、楼行栏杆等制作较好，砖雕门楼保护完好，厢廊、房间内设阁楼。

胡庆新宅

位于黟县西递镇西递村，建于清代。坐南朝北，主体通面阔10.9米，通进深7.8米，占地面积101.4平方米。三开间二层建筑。

胡秋季宅

位于歙县雄村镇鲍坑村，建于清代。坐北朝南，二进三开间。通面阔9.63米，通进深14米，占地面积134.82平方米。有门楼、砖雕。有格子窗、斜撑和石柱础。

胡秋莲宅

位于歙县璜田乡璜蔚村东风组，建于清代。坐西北朝东南，通面阔6.7米，通进深8.2米，占地面积53.6平方米。均为硬山式屋顶，青瓦盖顶，一进厅。

胡群杰宅

位于歙县雄村镇鲍坑村五组，建于清代。坐北朝南，二进三开间一天井二层建筑。通面阔10.35米，通进深11.59米，占地面积120平方米。有格子窗。有方形柱础、斜撑，有石鼓。

胡任如宅

位于绩溪县上庄镇上庄村适之路76号，建于清代后期。坐北朝南，占地面积112平方米。硬山式屋顶，外砌封火墙，抬梁穿斗并用式梁架，方砖地坪，明间设人字轩顶，两次间设楼。内装修粗犷淳朴，梁架和基础较好，大门设在东山墙。

胡日忠等宅

位于歙县霞坑镇里方村十组大坦前，建于清代。坐北朝南，通面阔10.9米，通进深13.9米，占地面积140平方米。有简洁砖雕门罩，大门上墙开暗天窗，三层建筑，东边是厢房。

胡荣标宅

位于绩溪县华阳镇中正坊21号，建于清代后期。坐北朝南，占地面积106.5平方米。由门庭和正厅组成，中间一天井，正厅的前一部分为拱轩顶，后一部分为二层建筑。抬梁穿斗并用式梁架，三合土地坪。东西厢房，室内的木雕构件雕刻精美。

胡荣根宅

位于歙县璜田乡璜蔚村东风组，建于清代。坐东南朝西北，一进三开间。通面阔9.2米，通进深8米，占地面积73.6平方米。

胡荣男宅

位于黟县碧阳镇赤岭村，建于清代。坐东朝西，开间9.15米，进深7.45米，占地面积68.2平方米。三开间带二厢有天井砖木结构二层建筑。木构架承重，木构配件、窗扇等制作精致。

胡荣涛宅

位于黟县碧阳镇郭门社区，建于清末。坐南朝北，开间9.7米，进深6.5米，占地面积63.1平方米。三开间带二厢有天井砖木结构二层建筑。隔扇、横风窗、飞罩、构配件及门楼保存较好。

胡荣祥宅

位于徽州区潜口镇坤沙村竹坞自然村，建于清代。建筑面积124.62平方米。一进三开间上下对堂二层建筑。门厅两次间为房。上堂明间为厅，两次间为房，楼上明间长条砖铺地，中坎上格子门。

胡如瑞宅

位于歙县徽城镇渔梁街110号，建于清末。坐北朝南，二进一开间砖木结构二层建筑。通面阔5.4米，通进深10.9米，占地面积60平方米。地面铺砖。

胡瑞峰宅

位于歙县璜田乡璜田村一组，建于清代。坐东朝西，一进一开间。通面阔9.6米，通进深7.5米，占地面积72平方米。硬山式屋顶，青瓦盖顶。

胡瑞英宅

位于黟县西递镇西递村，建于清光绪年间。坐东朝西，主体通面阔9.45米，通进深7.4米，建筑面积69.9平方米。三开间二层建筑。

胡润德宅

位于绩溪县家朋乡霞水村90号，建于清代中期。坐东北朝西南，占地面积165平方米。一进三开间二层建筑。东西厢房，前檐设一天井。抬梁穿斗并用式梁架，三合土地坪，外围封火墙。前有一庭院，梁架和基础较好，柱上有太平军留下的刀痕。

胡森山宅

位于徽州区潜口镇坤沙村竹坞自然村，建于清代。坐西北朝东南，建筑面积86.62平方米。二进一开间二天井二层建筑。大门开在东边天井一端，门罩较完整。前厅为上下对堂，亨堂为一个厅。楼上走马楼，大方砖铺地，屋面有望板，檐口有丁字拱。

胡山民宅

位于歙县霞坑镇里方村129号，建于清代。坐北朝南，一进三开间三层建筑。通面阔14.4米，通进深10.9米，占地面积157平方米。大门有门罩，门罩上有精美的砖雕，主要为花草人物，在院门上方雕有『双清草舍』四字。

胡善庆宅

位于徽州区岩寺镇岩寺广惠居委会，建于清代。坐南朝北，建筑面积133平方米。二进三开间二层建筑。正屋一脊翻两堂，脊前三间，明间大方砖正铺地，两次间住房。脊后亦为三间，与前堂一样。楼上坎上每间正中双开格子门，屋面全铺望砖。

胡少白宅

位于绩溪县瀛洲镇龙川村98号，建于清代后期。坐东北朝西南，占地面积65平方米。由庭院和正屋组成。正房分前后两进，前进为一进三开间二层建筑。前檐檐部设一天井，三合土地坪。后进为二层建筑，后檐檐部设一天井，三合土地坪。外砌封火墙，梁架和基础较好。室内的木雕构件雕刻精美。

胡绍祺宅

位于黟县西递镇西递村，建于清光绪年间。坐东北朝西南。主体通面阔8.9米，通进深6.2米，建筑面积90平方米，占地面积77平方米。三开间二层建筑。

胡社明、舒镇华宅

位于黟县宏村镇屏山村，建于清代。坐北朝南。开间10.34米，进深17.5米，占地面积181平方米。前后二进三开间带二厢二层建筑。左夹室耳门通厨房，右夹室耳门通偏厅，木雕等构配件齐全完整，精美别致。

胡时安宅

位于黟县西递镇西递村，建于清光绪年间。坐东朝西。主体通面阔9.4米，通进深7米，建筑面积65.8平方米。三开间二层建筑。

胡时行宅

位于黟县西递镇西递村，建于清代。坐北朝南。通面阔9米，通进深10.6米，占地面积79.2平方米。天花彩绘较为完整。

胡氏老宅

位于歙县王村镇新安村烟村自然村，建于清代。现为胡广源、胡长泉共有。一进一院。通面阔11.17米，通进深14.3米，占地面积159.73平方米。

胡世恒宅

位于歙县徽城镇南源口村王村茂自然村，建于清代。坐北朝南，二进一天井二层建筑。通面阔13.04米，通进深13.5米，占地面积176平方米。有木雕，格子窗门。

胡世宏宅

位于黄山区谭家桥镇中墩村墩五组，建于清代。占地面积84.63平方米。一进三开间。有二层阁楼，较狭窄，地沟式天井，无木雕斜撑。

胡世辉宅

位于歙县霞坑镇里方村五组，建于清代。坐东南朝西北。通面阔11.9米，通进深17.9米，占地面积213平方米。前进二层建筑，后进三层建筑。大门有门罩，门罩略有砖雕。前进中有天井，楼上厢房。中进通西边门，相连厨房。梁柁、雀替、斜撑等构件略有雕刻。

胡世永宅

位于屯溪区新潭镇长林村择川组，建于清代。占地面积94.14平方米。小三合院一进砖木结构二层建筑。从东厢房进，天井红石铺地，明间大方砖正铺，两次间隔断用青砖竖砌，楼上同样分割，无望。

胡适故居

位于绩溪县上庄镇上庄村适之路28号，建于清光绪二十三年(1897)。坐北朝南，占地面积300平方米。上下对堂，二楼通转，前后两进，主体建筑的左右为附属房，有庭院。硬山式屋顶，外砌封火墙，抬梁穿斗并用式梁架，方砖地坪。大门用水磨青砖砌筑，翼角腾空，鳌鱼展翅。木构件斜撑、雀替、窗栏板、隔扇雕刻精美。1998年被列为安徽省重点文物保护单位。

胡守源宅

位于歙县雄村镇夏坑村，建于清末。坐东朝西，一进三开间二层建筑。通面阔8.9米，通进深6.85米，占地面积61平方米。大门口有门楼，有简易砖雕、格子花窗、方形石柱础。西边有厢房。

胡守忠宅

位于黟县西递镇西递村，建于清康熙年间。坐北朝南，三开间二层建筑。主体建筑通面阔9.9米，通进深7.1米，建筑面积114.8平方米。

胡寿华宅

位于黟县宏村镇屏山村，建于清末。坐南朝北，三开间带二厢二层建筑。开间8.7米，进深10.13米，占地面积88.1平方米。有砖雕门楼。

胡淑珍、胡惠珍宅

位于黟县西递镇西递村，建于清代。坐北朝南。主体建筑通面阔10米，通进深9.8米，占地面积98平方米。三开间二层建筑。

胡树林宅

位于黟县西递镇叶村，建于清末。坐东朝西，开间9.51米，进深7.22米，占地面积68.9平方米。三开间带二厢有天井二层建筑。左厢侧耳门通厨房，三合土地坪。楼行裙板及门楼保存完整。

胡双旺宅

位于祁门县平里镇贵溪村文桥组26号，建于清代。坐北朝南。徽派砖木结构二层建筑，东西横向三厅堂结构，门楼为二柱牌坊式，中设天井采光通风，青石板铺地。通面阔19.2米，通进深9.6米，占地面积184平方米。

胡水平宅

位于歙县雄村镇夏坑村，建于清代。坐北朝南，一进三开间。通面阔9.6米，通进深6.85米，占地面积65.8平方米。有梁柁、板门、石鼓、格子窗、格子门。

胡水平宅

位于黟县西递镇西递村株林二组，建于清末。坐西朝东，开间9.78米，进深7.45米，占地面积72.9平方米。三开间带二厢有天井二层建筑。左厢侧耳门通外路，右厢前檐墙门通厨房。

胡水香宅

位于歙县森村乡绍村，建于清末。坐北朝南，二进二开间二层建筑。通面阔9.3米，通进深19.7米，占地面积183.2平方米。左右两栋，左栋先建，右栋稍后建。左栋有精美砖木雕刻及雕花屏门相隔。

胡顺华宅

位于黟县宏村镇龙江村蓬厦组，建于清末。坐西朝东。开间9.25米，进深9.35米，占地面积86.5平方米。三开间(厅堂式)带二厢有天井二层建筑。大门前为坦，照壁后上楼。砖、木、石构配件及装修等制作较好。

胡顺利宅

位于黟县碧阳镇南屏村，建于清代。坐西朝东，三开间带二厢有天井二层建筑。开间8.63米，进深6.6米，占地面积60平方米。

胡四全等宅

位于黟县碧阳镇柏山村姚村组，建于清代。坐西朝东，二进三开间二天井砖木结构二层建筑（前进为上下厅、中天井）。开间9.65米，进深20.2米，占地面积194.9平方米。

胡嗣玲宅

位于绩溪县华阳镇八角井7号，建于清代中期。坐北朝南，占地面积95平方米。硬山屋顶，进深四间，面阔三间，前设天井，外围封火墙。木结构古雅别致，雕工精美，主体建筑保存完好。2000年被列为绩溪县重点文物保护单位。

胡涛堃宅

位于黟县西递镇西递村株林二组，建于清末。坐北朝南偏西，开间9.65米，进深12.75米，占地面积123平方米。三开间带二厢有天井二层建筑。左厢侧耳门通外路，右厢侧耳门通偏屋，后檐墙门通厨房。

胡桃献宅

位于绩溪县上庄镇石家村12号，建于清代中期。坐南朝北，占地面积235平方米。前后两进，二楼通转，木构件略施雕刻，大门门楼上书有『文明大启』，侧门的门楼上书有『溪山毓秀』。整幢建筑保存较好。2004年被列为安徽省重点文物保护单位。

胡天书宅

位于绩溪县临溪镇湖里村56号，建于清代晚期。坐东北朝西南，占地面积88平方米。一进三开间二层楼房。对称两厢房，三合土地坪。用料简单，做工简单，是红顶商人胡雪岩的故居。

胡庭康宅

位于黟县西递镇西递村，堂名『启人堂』，建于清同治年间。主体建筑坐西朝南，三开间二层建筑。建筑面积126.7平方米，占地面积109.7平方米。

胡婷仙宅

位于歙县霞坑镇里方村十一组，建于清代。坐西北朝东南，一进三开间楼房。通面阔11.7米，通进深8.9米，占地面积100平方米。前有天井，大门有门罩。

胡通宝宅

位于歙县霞坑镇里方村六组，建于清代。坐东南朝西北，一进三开间三层建筑。通面阔5.9米，通进深9.9米，占地面积60平方米。大门有门罩，内部梁架简单。

胡同春宅

位于黄山区谭家桥镇新洪村河坑组，建于清代晚期。占地面积128.75平方米。二进三开间，穿斗式，水磨石地面。板壁式墙体，平铺式天井，有斜撑8个，梁袱4个，花窗2副(有冰裂纹)，双狮绣球图案。

胡同庆宅

位于黟县西递镇西递村，建于清代。坐东北朝西南，三开间四合二层建筑。通面阔10米，通进深8.3米，占地面积133平方米。石雕门楼十分精美。

胡土山宅

位于歙县璜田乡璜田村五组，建于清代。坐北朝南，一进三开间。通面阔7.2米，通进深9.5米，占地面积68.4平方米。均为硬山顶，青瓦盖顶。

胡婉芳宅

位于黟县西递镇西递村，建于清光绪年间。坐东北朝西南，三开间二层建筑。主体通面阔9.2米，通进深7.3米，占地面积97.8平方米，建筑面积142.6平方米。

胡婉时宅

位于绩溪县长安镇宋家村22号，建于清代后期。坐西北朝东南，二进三开间砖木结构。占地面积210平方米，上下对堂，二楼通转，东西厢房，中间设一天井。前进为正厅，后进为附属房。室内的斜撑、雀替、门窗、隔扇均有很精美的雕刻。

胡万春宅

位于黟县宏村镇雉山村卢村组，建于清代。坐北朝南，三开间上下一厅中天井带二厢二层建筑。开间10.83米，进深14.29米，占地面积154.7平方米。大门朝前院，左厢侧耳门通厨房，右厢侧耳门上楼。三合土地坪，构配件及隔扇制作较好。

胡万春宅

位于黟县西递镇西递村，建于清同治年间。坐北朝南，三开间二层建筑。通面阔9.25米，通进深10.75米，占地面积99.4平方米。

胡万芳宅

位于歙县霞坑镇里方村三组，建于清代。坐东南朝西北，一进三开间，大门外有小院靠大路。通面阔8.2米，通进深13.1米，占地面积107平方米。大门有门楼，门楼略有砖雕。

胡万民宅

位于歙县雄村镇夏坑村，建于清末。坐北朝南，二进三开间二层建筑。通面阔9.2米，通进深8.3米，占地面积76.36平方米。有方形石柱础，有格子窗。

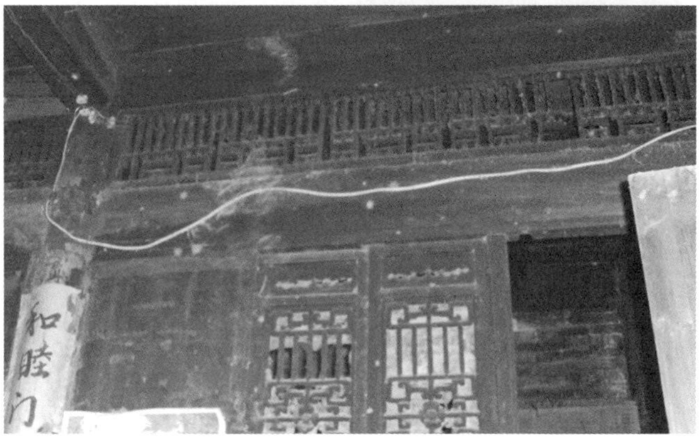

胡万新宅

位于歙县雄村镇庄源村七组，建于清代。坐北朝南，一进三开间二层建筑。通面阔8米，通进深5.23米，占地面积41.84平方米。有花板、格窗、方石础。

胡为高宅

位于绩溪县上庄镇宅坦村南街16号，建于清代后期。占地面积126平方米，坐西北朝东南。硬山式屋顶，砌封火墙，抬梁穿斗并用式梁架，方砖地坪。一进三开间一天井二层建筑。室内的狮撑和人物撑、雀替及隔扇雕刻非常精美。

胡伟光宅

位于黟县宏村镇屏山村，建于清末。坐南朝北，三开间带二厢有天井二层建筑。开间9.44米，进深6.68米，占地面积63.1平方米。右厢耳门通厨房。隔扇保存完好，制作精美。

胡卫中宅

位于黟县碧阳镇星火村陈闾组，建于清末。坐西朝东，三开间有天井砖木结构二层建筑。开间8.8米，进深6.25米，占地面积55平方米。木构架承重。木构架、装修等较完整。

胡文利宅

位于歙县璜田乡璜蔚村农村组，建于清代。坐西北朝东南，一进三开间。通面阔5.7米，通进深6.6米，占地面积37.29平方米。现存一进厅，均为硬山顶，青瓦盖顶。

胡伍光宅

位于绩溪县瀛洲镇龙川村104号，建于清代后期。坐北朝南，一进三开间二层建筑。占地面积79平方米。大门开在西山墙，前檐设一天井，二楼木雕隔扇完整，抬梁穿斗并用式梁架，三合土地坪。外围封火墙，整栋建筑保存完整。

胡武、舒祥瑞宅

位于黟县宏村镇汤蜀村蜀里组，建于清代。坐北朝南，三开间带二厢有天井二层建筑。开间8.85米，进深8.2米，占地面积72.6平方米。左厢侧耳门通外为入口大门，照壁后上楼，左边间前檐墙门通厨房。三合土斜方格地面。木构件及装修等制作精致。

胡武铛、胡爱仂宅

位于歙县璜田乡璜田村一组，建于清代。坐北朝南，一进三开间。通面阔9.6米，通进深11米，占地面积96平方米。均为硬山顶，青瓦盖顶。

胡武镗宅

位于歙县璜田乡璜田村四组，建于清代。坐北朝南，二进三开间楼房。通面阔10米，通进深10.7米，占地面积107平方米。均为硬山顶，青瓦盖顶。有门楼。

胡锡福、胡锡禄宅

位于黟县碧阳镇钟山村芦花组，建于清代。坐北朝南，三开间带二厢有天井砖木结构二层建筑。开间9.15米，进深9.75米，占地面积89.2平方米。

胡锡林宅

位于黟县西递镇西递村，建于清光绪年间。坐西朝东，三开间二层建筑。占地面积88.2平方米，建筑面积140.8平方米。

胡喜莲宅

位于黟县西递镇西递村，建于清同治年间。坐西朝东。占地面积96.6平方米，主体通面阔8.5米，通进深7.1米。三开间二层建筑。

胡咸荪宅

位于黟县碧阳镇古黄村古筑组，建于清代。坐北朝南，三开间带二厢有天井砖木结构二层建筑。开间8.8米，进深7.45米，占地面积65.6平方米。

胡显安宅

位于黟县碧阳镇南屏村，建于清代。坐东朝西，一进三开间一天井二层建筑。开间9.9米，进深7.5米，占地面积74.3平方米。天花板彩绘，隔扇门窗等木装修精美、别致，描金工艺精湛。

胡相玉宅

位于黟县西递镇潭口村，建于清末。坐西朝东，开间9.16米，进深8.12米，占地面积74.4平方米。三开间带二厢二层建筑。右耳门通厨房，照壁后设楼梯上楼。三合土地坪。木构架、木装修保存较好。

胡香眉宅

位于黟县西递镇石印村前进组，建于清代晚期。坐北朝南。开间14.18米，进深8.43米，占地面积119.5平方米。三开间带二厢有天井二层建筑。左厢侧门通厨房，照壁后上楼。三合土地坪，木构架及木装修保存完好。

胡祥丕宅

位于黟县宏村镇汤蜀村柏川组，建于清代。坐西朝东，开间9.26米，进深7.78米，占地面积72平方米。三开间带二厢二层建筑。照壁后上楼，左厢侧耳门通外为入口，后檐墙门左边进厨房。三合土地坪。

胡向华宅

位于歙县霞坑镇里方村三组，建于清代。坐西北朝东南，一进三开间楼房。通面阔10.9米，通进深6.9米，占地面积70平方米。大门有砖雕门罩，可惜被破坏。西边连厨房，楼下无房间。

胡小九宅

位于黟县宏村镇塔川村芦古组，建于清代。坐东朝西。开间9.25米，进深7.15米，占地面积66.1平方米。三开间有天井二层建筑。左厢耳门为入口，照壁后上楼。

胡小龙宅

位于黟县西递镇西递村，建于清同治年间。坐西朝东，建筑面积228.8平方米，占地面积187.2平方米，三开间二层建筑。

胡小美宅

位于歙县雄村镇雄村，建于清代。坐西朝东，一进二开间二层建筑。通面阔8米，通进深4.55米，占地面积36.4平方米。无门楼，无砖雕，内有格子窗。

胡小明宅

位于黟县宏村镇龙江村江村二组，建于清末。坐北朝南。开间12.8米，进深5.25米，占地面积67.2平方米。三开间带厨房有天井二层建筑。正面大门，右侧门通厨房，从厨房设楼梯上楼。

胡小荣宅

位于歙县雄村镇鲍坑村九组，建于清代。坐南朝北，二进三开间。通面阔10.8米，通进深14.8米，占地面积159.8平方米。大门有门楼，有简易砖雕、冬瓜梁、梁柁，雕有人物。有木狮、格子窗。

胡小石宅

位于黟县碧阳镇南屏村，建于清代。坐东朝西。开间5.46米，进深14.55米，占地面积79.4平方米。二进三开间砖木结构二层建筑。木构架承重。

胡小英宅

位于黟县宏村镇宏村，建于清代。坐北朝南。通面阔8.5米，通进深17.7米，占地面积210平方米，建筑面积398平方米。后厅莲花门，雀替仍完整。前后三开间二层建筑。

胡孝生等宅

位于歙县北岸镇呈村降村呈东组，建于清代。坐南朝北，二进三开间。通面阔12.15米，通进深9.2米，占地面积111.78平方米。门楼有砖雕，内无木雕，正门口木制门雕刻精美。

胡孝文等宅

位于歙县北岸镇高山村槐棠自然村一组，建于清代。坐南朝北，二进三开间。由左右对称的两幢建筑组成。通面阔17.3米，通进深11.3米，占地面积195.49平方米。有门楼砖雕，内有诸多木雕。

胡孝武宅

位于绩溪县荆州乡上胡家村343号，建于清代中期。坐西北朝东南，占地面积167平方米。上下对堂，二楼通转，东西厢房，中置天井，大门设在南向过厢边。东西厢房，雕有人物山水。此房地基低于路面约30厘米。置身其中，有冬暖夏凉之感。

胡笑云宅

位于绩溪县华阳镇城墙路41号，建于清代后期。坐北朝南。占地面积255平方米，硬山屋顶，砖木结构。前、中、后三进，前后天井，大门开在南檐墙中部，饰飞砖门罩，砖雕残破。前、中两进为厅式，设人字轩，后进有楼。檐部装置板，矮墙不存，抬梁穿斗并用式梁架，三合土地坪。内装修有撑拱、雀替、驼峰等。

胡新光宅

位于黟县西递镇西递村，建于清代。坐北朝南。通面阔10.2米，通进深8.2米，建筑面积83.6平方米。三开间二层建筑。

胡新华宅

位于徽州区潜口镇澄塘村陈村外一组，建于清代。坐北朝南，建筑面积241.76平方米。三开间带二厢二层楼房。堂屋三间，明间厅，次间为房。楼上亦为三间，坎上每间居中双开窗扇。照壁后西边有门，通往后边厢房。

胡新乐等宅

位于歙县雄村镇雄村，建于清末。坐北朝南，二进三开间。通面阔8.94米，通进深12.5米，占地面积111.75平方米。门楼砖雕现已损毁，门楼角鱼形。窗有格子。大门进门套有6扇板门。上下堂有厢房。窗已改为玻璃窗。

胡新民等宅

位于休宁县海阳镇齐宁社区桂花树巷30–31号，建于清代。占地面积2240平方米。坐西北朝东南，呈四合。地面铺红砂石，柱础方形，雀替雕花草，斜撑雕人物，木隔扇窗饰简单的花卉及几何图案。

胡新平宅

位于黟县碧阳镇古黄村古筑组，建于清代。坐北朝南。开间9.2米，进深7.9米，占地面积72.7平方米。三开间带二厢有天井砖木结构二层建筑。有门楼、隔扇和横风窗。

胡新桃宅

位于黟县西递镇西递村，建于清光绪年间。坐东朝西。占地面积122.5平方米，建筑面积138.5平方米。三开间二层建筑。

胡星五宅

位于绩溪县上庄镇上庄村适之路79号，建于清代后期。坐北朝南。硬山屋顶，砌封火墙，抬梁穿斗并用式梁架，方砖地坪。占地面积65.7平方米。大门开在东山墙东南隅，上方是五飞砖门罩，砖雕细腻精致，两厢檐部不设装饰，撑拱、雀替、驼峰及窗门构件分别雕刻狮、人物、卷草、如意等纹饰。

胡兴焕宅

位于黟县碧阳镇星火村陈间组，建于清代。坐北朝南。开间9.95米，进深8.05米，占地面积80.1平方米。三开间有天井砖木结构二层建筑。木构架承重。

胡兴隆、胡胜隆宅

位于徽州区潜口镇澄塘村古塘自然村，建于清代。坐东朝西，建筑面积262.48平方米。三开间上下两对堂二层楼房。下堂三间，明间厅，次间房。上堂三间，中间厅，两次间房，明间长条砖铺地。楼上走马楼，无地砖和望砖。

胡兴泰宅

位于黟县西递镇西递村，建于清代。坐北朝南，通面阔10米，通进深11米，占地面积166平方米，建筑面积240.3平方米。三开间二层建筑。

胡雄儒、卢跃进宅

位于黟县宏村镇大同村郭村组，建于清代。坐北朝南。开间9.74米，进深11.8米，占地面积114.9平方米。前后厅中天井带厢廊二层建筑。左厢通外巷道，右厢上楼。

胡学端宅

位于黟县西递镇源川村里源坑组，建于清末。坐北朝南。开间9.28米，进深13.6米，占地面积126.2平方米。三开间带二厢前后厅二层建筑。入口大门为门厅，前后天井。前左厢侧耳门通屋外巷道，前厅照壁后上楼，厅两侧为房间，天井两侧为厢廊，隔扇及构配件制作较好，石质门楼，雕刻精美。

胡学高宅

位于绩溪县上庄镇坦头村上街7号，建于清代中后期。占地面积120平方米。坐西北朝东南。硬山屋顶，砌封火墙，抬梁穿斗并用式梁架。方砖地坪，分前廊后堂，中设天井，东西两侧为厢房及过道。

胡学忠宅

位于祁门县小路口镇大丰村殿下组4-15号，建于清末。坐北朝南。徽派砖木二层前后厅式建筑。砖制门罩，前设天井采光通风。通面阔9.6米，通进深12米，占地面积115平方米。

胡亚明宅

位于黟县西递镇西递村，建于清代。坐北朝南。通面阔9.8米，通进深13米，占地面积126.7平方米，建筑面积147平方米。三开间二层建筑。

胡延寿、张设荣宅

位于黟县宏村镇大同村黄村口组，建于清代。坐北朝南。开间10.4米，进深13.93米，占地面积144.8平方米，三开间上下厅中天井二层建筑。右厢通厨房，照壁后上楼，后厅前檐直梁有精美雕刻，有腰檐。

胡耀华宅

位于黟县碧阳镇南屏村，建于清代。坐东朝西。开间14.15米，进深6.75米，占地面积95.5平方米。三开间带二厢有天井二层建筑，砖木结构，木构架承重。

胡一洪、胡鹏庆宅

位于黟县西递镇西递村，建于清代。坐北朝南。建筑面积196.8平方米，三开间二层建筑。

胡一辉宅

位于绩溪县家朋乡霞水村187号对面，建于清代晚期。坐东朝西，占地面积355平方米。二进三开间二层建筑。东西厢房，前后天井，撑拱承挑出檐，抬梁穿斗并用式梁架，三合土地坪。外围封火墙，前有庭院，左侧为附属房，梁架和基础较好。室内的雀替、撑拱、隔扇雕刻精美。

胡一娟宅

位于黟县西递镇潭口村，建于清末。坐东朝西，大门朝北，开间8.84米，进深7.26米，占地面积64.2平方米。三开间带二厢二层建筑。屋外设楼梯上楼。三开砖砌围护墙。

胡一生宅

位于黟县西递镇叶村，建于清代晚期。坐东朝西。开间9.26米，进深11.17米，占地面积102.8平方米。统开间带二厢上下厅有天井二层建筑。左厢上楼，屋外右边为石板路。三合土地坪。

胡宜芳宅

位于黟县西递镇西递村，建于清末。坐北朝南。通面阔10.3米，通进深7.6米，建筑面积129.3平方米。三开间二层建筑。

胡义骐宅

位于歙县璜田乡璜蔚村弄口组，建于清代。坐北朝南，一进三开间。通面阔10米，通进深8.8米，占地面积88平方米。一进厅。

胡逸之宅

位于歙县雄村镇鲍坑村十二组，建于清末。坐南朝北，一进三开间二层建筑。通面阔10.4米，通进深8.4米，占地面积87.36平方米。二楼门面为木结构。有格子窗。

胡毅平宅

位于歙县璜田乡璜田村一组，建于清代。坐西朝东，一进三开间楼房。通面阔9.8米，通进深6.7米，占地面积65.66平方米。均为硬山顶，青瓦盖顶。

胡翼昌等宅

位于黄山区仙源镇水东村糟坊组，建于晚清。占地面积211平方米。二进三开间，南附倚屋，高约5.5米。木架结构穿斗式，斜方格纹水门汀地面，地沟式天井，前进砖墙，后进板壁墙，天棚望砖。天井上檐残存斜撑7个。

胡银海宅

位于歙县雄村镇夏坑村，建于清代。坐南朝北，一进三开间二层建筑。通面阔7.9米，通进深6.5米，占地面积51.35平方米。一层门面为水泥砖结构，二层门面为木结构。有格子窗、方形石柱础。

胡英贵宅

位于黟县碧阳镇麻田社区，建于清末。坐西朝东。开间9.5米，进深84.5米，占地面积80.3平方米。三开间带二厢有天井砖木结构二层建筑。彩绘天棚，木构架及木装修制作和横风窗雕刻较好。

胡英姿宅

位于绩溪县华阳镇杨柳社区四门川21号，建于清代后期。坐西朝东，占地面积76平方米。前后两进，前进为人字轩顶，后进为二层楼房，前后进之间有一天井，撑拱承挑出檐。三合土地坪，外围封火墙。

胡应勋宅

位于黟县宏村镇大同村万村组，建于清代。坐北朝南，开间11.02米，进深8.5米，占地面积93.7平方米。三开间带二厢有天井二层建筑。左厢耳门通厨房，照壁后上楼，隔扇门窗和木雕构配件制作较好。

胡应中宅

位于歙县徽城镇紫阳村，建于清末。坐南朝北，一进三开间砖木结构二层建筑。通面阔9.3米，通进深6.7米，占地面积62.3平方米。

胡永根宅

位于黟县碧阳镇南屏村，建于清代。坐西南朝东北。开间9.35米，进深7.95米，占地面积74.3平方米。三开间带二厢有天井二层建筑。隔扇门窗和横风窗等木装修较精致。

胡永和宅

位于绩溪县瀛洲镇龙川村230号对面，建于清代后期。坐东朝西，占地面积102平方米。由庭院、正厅和偏厅三部分组成。正厅为一进三开间二层楼房。上下对堂，二楼通转，撑拱承挑出檐，中设一天井。整栋建筑保存完整，正厅的柱子被太平军破坏得较严重。

胡永基宅

原位于徽州区西溪南镇琶塘村，现存于潜口民宅明园内，建于明代中叶。楼下三开间，楼上五开间。楼上柱网跟楼下不对齐，楼上木构架具有明代早期建筑特征。梁袱下全部丁字拱，拱眼深刻雕花，且用芦苇墙在枋间一直装修到顶。围拥前天井的三面楼行，装修雕花栏杆板，上下五行，采用壶门装修，雕满了花鸟鱼虫等图案，有透雕、镂空雕和高浮雕。1988年作为潜口民宅的组成部分被列为全国重点文物保护单位。

胡永平宅

位于歙县雄村镇鲍坑村五组，建于清代。坐北朝南，二进三开间二层建筑。通面阔10.19米，通进深11.3米，占地面积115.15平方米。大门有门楼，一个天井，有格子窗。有方形石柱础，有斜撑。

胡永如宅

位于徽州区西溪南镇巴村琵塘自然村，建于清代。坐北朝南，建筑面积408.13平方米。二进三开间二层楼房。前进为小三间，二进上下对堂，明间厅，次间房。楼上走马楼，可通前进，全部装天花板，檐口四檐装望砖，后进也有二重檐。

胡永堂、胡耀文宅

位于黟县宏村镇塔川村芦古组，建于清代。坐北朝南。开间9.95米，进深7.95米，占地面积79.1平方米。三开间有天井二层建筑。正面大门，照壁后上楼。三合土地坪。房屋整体较完整，木构配件、隔扇门窗等制作较好，门楼完整。

胡永义宅

位于徽州区呈坎镇呈坎村钟二街，建于明代。坐西朝东，建筑面积163.64平方米。二进三开间带天井二层建筑。前进三开间显厅，大门正面居中，天井青石板铺地，厅堂大方砖正铺地。东庑设楼梯，由北至南登楼。后进三开间，地面长条砖横铺。明间为厅，次间为房。楼上走马楼，前后进通，三开间分割，明间一板一枕，坎上窗无考，屋面铺望砖。2001年作为呈坎村古建筑群的组成部分被列为全国重点文物保护单位。

胡有根宅

位于歙县霞坑镇里方村五组，建于清代。坐东朝西，一进三开间三层建筑。通面阔9.9米，通进深11.4米，占地面积112平方米。大门开在西南角，砖雕门罩。进大门即天井，内部有雕刻。

胡有清宅

位于休宁县万安镇吴田村。占地面积114.97平方米。坐南朝北，一进三开间。门罩绘人物、花卉图案；梁架穿斗式，二楼护栏有格子窗；楼下木隔扇窗饰方格，裙板雕有人物、动物、花草等图案。

胡有义宅

位于休宁县商山镇芳干村，建于清代。占地面积87.36平方米。坐西朝东，一进三开间。地铺红砂条石板，柱础方形。门罩砖雕人物、八宝、松树、花卉。雀替、斜撑雕刻花卉、龙首、祥云图案。额枋饰花卉。

胡又新、胡中庸宅

位于黟县碧阳镇星火村中光组，建于清代。坐北朝南。开间9.65米，进深8.4米，占地面积81.1平方米。砖三开间有天井二层建筑。木结构，木构架承重。木构架、装修等较完整，门楼较好。

胡佑平宅

位于黟县宏村镇龙江村江村二组，建于清代。坐北朝南。开间8.85米，进深7.25米，占地面积64.2平方米。三开间二层建筑。右厢侧门通外，照壁后上楼。木构架、装修等较完整。

胡玉田宅

位于歙县璜田乡璜蔚村红星组，建于清代。坐西北朝东南，二进三开间。通面阔10.3米，通进深7米，占地面积72.1平方米。均为硬山顶，青瓦盖顶。

胡玉珍宅

位于黟县碧阳镇横岗村，建于清代。坐北朝南。开间9.2米，进深11米，占地面积101.2平方米。一进三开间上下厅中天井带二厢二层建筑。隔扇门窗、横风窗等木装修构件和砖雕门楼保存较好，制作较精致。

胡育英宅

位于歙县富堨镇中溪村凤凰一组，建于清代。坐东朝西，一进三开间楼房。通面阔9.7米，通进深9.3米，占地面积90.2平方米。内部斜撑等构件有雕刻。

胡渊宅

位于绩溪县华阳镇木牌楼14号，建于清代后期。坐北朝南，占地面积220平方米。进大门是小庭院和书房，从庭院西边一个大门进去为正厅，正厅为一进三开间，东西厢房，二层楼房，外围封火墙。室内木构件用桐油油过，主体建筑保存完好。

胡元龙故居

位于祁门县平里镇贵溪村文桥组34号，又名『大夫第』，为祁门红茶鼻祖胡元龙故居，三间建筑仅存东侧一间。坐北朝南，徽派砖木二层前后厅式。后厅设天井采光通风，为走马楼式，青石板铺设地面。通面阔9.6米，通进深23.7米，占地面积228平方米。2017年被列为黄山市重点文物保护单位。

胡元慰、胡同庆宅

位于黟县西递镇西递村，建于清咸丰年间。坐东朝西，三开间三层建筑。占地面积89.9平方米，建筑面积110.9平方米。

胡跃码宅

位于黟县宏村镇屏山村，建于清末。坐西朝东。开间9.36米，进深6.66米，占地面积62.3平方米。三开间带二厢二层建筑，后檐墙设门通厨房。

胡云根宅

位于黟县碧阳镇古黄村黄村组，建于清末。坐北朝南。开间8.8米，进深6.55米，占地面积57.6平方米。三开间二层建筑。一进木构架保护尚好。

胡云龙、胡小龙宅

位于歙县富堨镇中溪村凤凰六组，建于清代。坐东朝西，二进三开间楼房。通面阔 10.5 米，通进深 14.5 米，占地面积 152.3 平方米。下堂有厢房，内部斜撑、窗栏等构件有雕刻。

胡云香宅

位于歙县徽城镇大梅口村，建于清代。坐东朝西，二进三开间。通面阔 10.2 米，通进深 13 米，占地面积 132 平方米。上下对堂，门楼有砖雕。

胡运来宅

位于黟县宏村镇龙江村颖川组，建于清代。坐东北朝西南。开间8.35米，进深6.85米，占地面积57.2平方米。三开间二层建筑，正面大门，左侧门通厨房，照壁后上楼。

胡运明宅

位于黟县西递镇霭峰村上村组，建于清末。坐南朝北。开间7.79米，进深5.81米，占地面积44.4平方米。三开间带二厢有天井二层建筑。房屋右侧为厨房，从厨房上楼，左厢侧耳门通巷道。木构架、木装修等保存较好。

胡运生宅

位于歙县雄村镇山下村前扩组，建于清代。坐西朝东，一进三开间二层建筑。通面阔9.95米，通进深9米，占地面积89.6平方米。有方石础、花格子窗。结构简单。有门楼，门楼部分砖雕花板被盗。

胡灶安宅

位于绩溪县瀛洲镇龙川村99号，建于清代后期。坐西北朝东南，占地面积185平方米。由一庭院和正厅组成。正厅为一进三开间二层楼房。撑拱承挑出檐，前檐檐部置一天井，三合土地坪，外砌封火墙，梁架和基础较好。室内木雕构件雕刻简单。

胡泽山、胡泽林宅

位于徽州区呈坎镇杨干村中杨干自然村，建于清代。坐东南朝西北，建筑面积189.8平方米。三开间上下对堂二层楼房。门厅长条砖横铺地，两次间装成住房。上堂三间，明间为厅，两次间为房，天井显柱杆头有雕花斜撑。楼上走马楼，上堂略高一档。

胡振华宅

位于歙县霞坑镇里方村五组，建于清代。坐南朝北，一进三开间。通面阔8.4米，通进深9.4米，占地面积79平方米。有楼，西边厨房相连。大门上有漏窗，漏窗上是门罩。内部梁架简单，无雕刻。

胡振寿宅

位于祁门县小路口镇大丰村殿下组，建于清末。坐西朝东，徽派砖木二层一厅二厢三开间。前设天井采光通风，青石板、木地板铺设地面。通面阔10.6米，通进深10米，占地面积107平方米。

胡振祥宅

位于黟县宏村镇塔川村芦古组，建于清代。坐北朝南。开间9.85米，进深7.85米，占地面积77.3平方米。三开间二层建筑。正面为入口大门，照壁后上楼。三合土地坪。房屋整体较完整，构配件、隔扇制作较好，门楼完整。

胡振宗宅

位于歙县郑村镇堨田村六组，建于明代。坐西朝东，二进三开间。通面阔10.1米，通进深15.5米，占地面积157平方米。上下两层，屋内有天井，大门面罩有雕刻，厢廊上方有雕刻梁撑，厅堂有砖铺地。

胡正达宅

位于歙县徽城镇渔梁街102-1号，建于清末。坐北朝南，砖木结构二层建筑。通面阔6.6米，通进深8.2米，占地面积54.3平方米。圆柱方梁，门框有雕刻。

胡正隆宅

位于黟县西递镇霭峰村上村组，建于清末。坐南朝北。开间8.38米，进深8.06米，占地面积67.5平方米。三开间带二厢二层建筑。木构架、木装修保存较好。

胡正言故居

位于休宁县海阳镇玉宁社区文昌坊县妇幼保健站东侧，始建于明代，现存为清代重修建筑。占地面积158.74平方米。坐南朝北，门罩砖雕花卉、人物、鲤鱼图案，中书『胡正言故居』。正房三开间，设左右厢房，斜撑雕花卉，额枋饰花卉、宝瓶，木隔扇窗饰蝙蝠、竖条格，裙板雕暗八仙，地袱石饰花卉。2012年被列为安徽省重点文物保护单位。

胡正阳宅

位于绩溪县上庄镇宅坦村上街10号，建于清代后期。占地面积225平方米，坐北朝南。硬山屋顶，砌封火墙，抬梁穿斗并用式梁架，方砖地坪。上下对堂，中设天井，东西两侧为过道和粮仓，檐部装置裙板及直棱矮栏，二楼通转。

胡芝琴宅

位于绩溪县华阳镇舒家巷27号，建于明末清初。坐北朝南，占地面积420平方米。上下对堂，中设天井，东西厢房。用料硕大，做工别致，梁柱全部做成方形，室内的木构件略施雕刻，中进的上首有一块书有『耆英冠社』朱漆描金的匾额。

胡志宏、胡志龙宅

位于徽州区潜口镇坤沙村竹坞自然村，建于清代。坐西北朝东南，建筑面积210.1平方米。五开间上下对堂二层建筑。门厅长条砖铺地，两次间及梢间拼作一间住房。上堂明间为厅，前檐柱上架月梁。

胡志霖宅

位于歙县霞坑镇里方村五组，建于清代。坐北朝南，一进三开间楼房。通面阔11.4米，通进深10.4米，占地面积118平方米。大门有门罩，内有天井，梁枋、雀替、斜撑等略有雕刻。

胡志年宅

位于黄山区谭家桥镇长罗村弥沟弯组，建于晚清。占地面积234.91平方米。二进五开间，穿斗式结构。水门汀地面，平铺式天井，板壁式墙体，内框架大致保存完整。木构件、斜撑等基本保存完好，有斜撑7个，梁袱4个。

胡志勤宅

位于黟县宏村镇塔川村芦古组，建于清代。坐东朝西，开间7.9米，进深7.05米，占地面积55.7平方米。三开间二层建筑，正面大门，照壁后上楼。三合土地坪。

胡志清宅

位于绩溪县瀛洲镇浒里村68号，建于清代后期。坐东朝西，占地面积128平方米。上下对堂，二楼通转，抬梁穿斗并用式梁架，三合土地坪，外砌封火墙。大门开在北山墙，室内的斜撑、雀替、驼峰雕刻精美，整栋建筑保存完整。

胡志生宅

位于黟县西递镇霭峰村上村组，建于清末。坐北朝南。开间7.5米，进深6.35米，占地面积47.6平方米。三开间带二厢有天井二层建筑。三开砖砌围护墙。

胡志忠宅

位于歙县璜田乡璜蔚村，建于清代。坐西北朝东南。通面阔12.14米，通进深3.4米，占地面积67.54平方米。现存一进二厅。均为硬山顶，青瓦盖顶。

胡治耘宅

位于歙县徽城镇斗山街，建于清末。坐东朝西，二进三开间。通面阔10.5米，通进深11.7米，占地面积123平方米。砖木结构，有楼，前厅两边厢房，天井较为开阔，地漏呈铜钱状，两边有回廊。正厅两边为房，前厅照壁后楼梯上楼。格子门窗。天井南面为厨房。

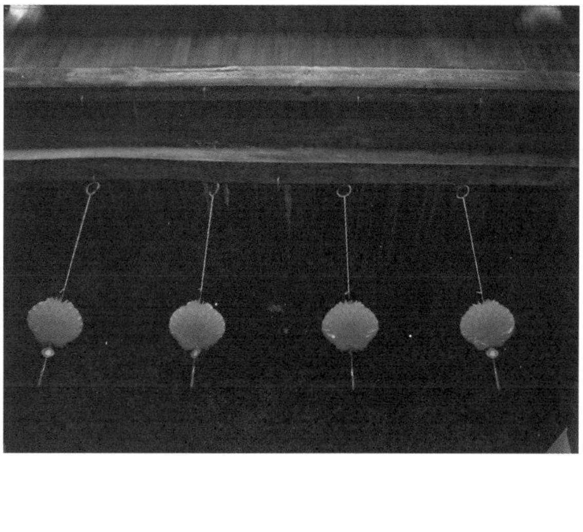

胡智远宅

位于休宁县溪口镇阳干行政村东北角，建于清代。占地面积71.9平方米。坐南朝北，一进三开间。地面铺青条石及红麻石，柱础方形，立柱方形，雀替、斜撑雕刻花草图案，木隔扇窗装饰蝙蝠、变形『寿』字，裙板雕刻龙纹、变形『寿』字、暗八仙图案。

胡忠达宅

位于休宁县齐云山镇北山行政村16号，建于清代。占地面积232平方米。坐东朝西，呈四合布局。门罩砖雕龙、狮、花卉、鸟兽，地铺红条石，柱础方形，雀替雕土龙，斜撑雕倒悬狮，额枋饰花卉，楼栏板外饰如意造型，上刻花卉、绣球、芭蕉等，偏厅有木楼。

胡钟瑞宅

位于黟县西递镇西递村，建于清乾隆年间。坐南朝北。建筑面积120平方米，主体结构通面阔9米，通进深7.6米。三开间二层建筑。

胡钟顺宅

位于休宁县齐云山镇北山行政村，建于清代。占地面积129平方米。坐东朝西，四合式。门罩砖雕花卉、八宝、仙鹤，雀替雕刻花卉、亭阁、蝙蝠、鱼等，斜撑雕倒悬狮，楼栏板外装饰如意，上刻花卉、绣球等，裙板雕刻松树、亭台。

胡仲虎宅

位于黟县碧阳镇南屏村，建于清光绪年间。坐西朝东。开间10.65米，进深18.75米，占地面积199.7平方米。二进三开间带厢房有门屋砖木结构二层建筑。木构架承重，木构用料为白果木，门楼制作精美。

胡仲明宅

位于黟县碧阳镇赤岭村，建于清代。坐南朝北，开间8.8米，进深7.65米，占地面积66.8平方米。三开间有天井砖木结构二层建筑。木构架承重，木构配件、隔扇门窗等保存较好。

胡仲贤宅

位于歙县雄村镇义成村二组，建于清代。坐北朝南，一进三开间二层建筑。通面阔9.65米，通进深7.5米，占地面积70.9平方米。西边有厢房，有格子窗、花窗，有简易斜撑，有方形石柱础，边上有砖雕，有一个天井。

胡祝林宅

位于黄山区永丰乡永丰村上升组，建于清乾隆十年（1745）。一进三开间，占地面积370平方米。斜方格纹水门汀地面，一平铺式天井，板壁墙，圆柱方梁，望砖卷棚。月梁1对，为双狮戏球。斜撑5个。

胡祝民宅

位于歙县霞坑镇里方村112号，建于清代。坐西北朝东南，一进三开间有天井二层建筑。通面阔9.5米，通进深11米，占地面积103平方米。南偏东开大门，大门有简易门罩，后厨附宅相通。

胡宗豪宅

位于徽州区潜口镇坤沙村竹坞自然村，建于清代。坐西北朝东南，建筑面积217.72平方米。一进五开间二层建筑。砖砌仿木门楼。正屋五间，明间作厅，两次间和两梢间辟作住房。楼上五间，明间厅，次间、梢间作房，有阁厢，屋面钉望板。

胡宗祥等宅

位于黄山区三口镇汪家桥村，建于晚清。三进三开间，现前进拆除，存中、后两进出口。高约5.5米，占地面积163.36平方米。木架结构穿斗式，水门汀地面，地沟式天井，板壁墙，天棚望砖，中柱直接到顶。斜撑残存8个，梁袱4个。

胡祖贵宅

位于黟县碧阳镇柏山村上历组，建于清末。坐北朝南。开间9.2米，进深7.3米，占地面积67.2平方米。三开间砖木结构二层建筑。

胡祖送宅

位于祁门县安凌镇雷湖村卷桥组71号，建于清代。坐南朝北，徽派四厅四厢走马楼式砖木结构二层建筑。通面阔8米，通进深9.5米，占地面积76平方米。前厅原设有照壁，中设天井采光通风，方形柱础，三合土、麻石铺设地面。

胡祖荪宅

位于黟县西递镇西递村，建于清代。坐北朝南。占地面积182.4平方米，主体通面阔9.5米，通进深7.6米。三开间二层建筑，含一偏厅。附属建筑面积偏厅52平方米，厨房47平方米，院落53平方米。

胡祖应宅

位于歙县富堨镇中溪村凤凰自然村，建于清代。坐东朝西，二进三开间楼房。通面阔8.2米，通进深10.45米，占地面积85.7平方米。下堂有厢房，天井两侧有廊，内部斜撑、隔扇、窗栏等有雕刻。

胡祖佑宅

位于黟县西递镇西递村，建于清光绪年间。坐东南朝西北，二层建筑。通面阔4.5米，通进深7.25米，建筑面积32.6平方米。

花厅

位于歙县昌溪乡双源村凤歧自然村，建于清代。坐东北朝西南，一进三开间。通面阔7.5米，通进深10.6米，占地面积77.7平方米。门楼砖雕较精致。木雕花草、人物栩栩如生。两厢房，厢房外板壁上均有花草雕刻。

花厅

位于休宁县万安镇古城岩明清建筑群内，建于清代。占地面积60平方米。坐东南朝西北，一进三开间。柱础方形，雀替雕花卉，斜撑饰倒悬狮及『福』『寿』，平盘斗雕刻『香山九老』『荣赐冠带』，大梁雕饰『十八学士』。2004年作为休宁县万安镇古城岩明清建筑群的一部分被列为安徽省重点文物保护单位。

花厅

位于婺源县沱川乡理坑村，建于明末清初。正名『三省堂』。主人为明末官商，绰号万和江，其人乐善好施。是一座园林式建筑，院门内设有木结构门券楼，非常考究，门额上有长2米多的菊花砖雕，称『万寿图』，令人赞叹。花厅的建筑布局别具一格，糅合了苏州园林的建筑风格，内为回廊式格局，并有一跑马楼，两侧厢房由回廊相连，中间空出一个方形大院。院落中花台、鱼缸、石桌、石凳摆设一应俱全，地面用卵石铺砌成各种图案。奇花异木栽种于四角，花台中的一株栀子花已有几百年的历史。院子中间的步道由石板铺成，中间4块寓意『四季发财』，两侧各3块寓意『六六大顺』。2005年被列为婺源县重点文物保护单位。

花厅

位于黟县西递镇西递村直街，建于清光绪年间。坐西朝东，三开间二层建筑。占地面积97.8平方米。布局独特，尤以雕刻著称，檐柱用百年棕榈树心雕刻而成。隔扇、窗扇、挂落、栏杆等木雕现保存完好，其院落布局独具特色，现为应天齐艺术展览馆。2001年被列为全国重点文物保护单位。

花颐轩

位于婺源县思口镇思溪村，建于清雍正年间。占地面积200平方米。现为俞华生宅，为村族众人所建敬老院。厅堂陈设有太师椅，有花园小院，老人在这里种花养草、吹拉弹唱、写字下棋，十分惬意。2006年被列为婺源县重点文物保护单位。

华德堂

位于歙县杞梓里镇坡山村，建于清代。坐东南朝西北，二进三开间砖木结构二层建筑。通面阔11.78米，通进深9.2米，占地面积约108.38平方米。两边厢上楼。有门楼。

怀德堂

位于黟县宏村镇塔川村西山组，建于清代。坐东北朝西南。开间9.1米，进深10.65米，占地面积106.9平方米。三开间上厅下堂中天井二层建筑。正面大门，内设屏风，照壁后上楼。房屋整体保存较完整，构配件制作较好。

怀德堂

位于黟县宏村镇宏村，建于清咸丰年间。坐东北朝西南，占地面积199平方米。三开间二楼四合式，中间设有天井，天井两旁设有厢房，屋内装饰构件保存完整。墙体、屋面木构架保存较好，门楼保存完整。正屋前面留有小院，院内有水池。院西侧新建有两层小楼。

怀旧客栈

位于婺源县镇头镇游山村，建于清光绪年间。占地面积144平方米。茶商董新甫所建的客栈。客栈前门为半墙，以隔扇门窗出面。门窗上人物雕刻精细，富丽堂皇。屋内梁枋、门窗均雕有人物、花卉。2005年被列为婺源县重点文物保护单位。

怀仁堂

位于徽州区西溪南镇竦塘村三组，建于清代。坐北朝南，建筑面积1175.44平方米。三进三开间。前进为大门廊，二进上下对堂，下堂平房无楼，分门厅和两厢房，后进三间起楼，楼上二进三进走马楼，三间分割，屋面有天花，檐口木望板。

还余闲舍

位于黄山区耿城镇沟村共兴组，建于晚清。占地面积837平方米。主宅二进三开间，前有宅院门楼。西附一进三开间倚屋，倚屋后有方形古井，古井北侧有一进三开间两层小楼。后院学舍为两层小楼，上层敞开，前有雕花块栏，20世纪60年代曾作为合作医疗社。穿斗式框架，有月梁1对，斜撑6个，梁栿2只，格子门2副8块，水门汀地面，格子门栅8块。前进为两层，有木楼梯，中间有一大天井，天棚为望板。

环山楼

位于黟县碧阳镇北街社区名贤里，建于明代。坐西朝东。面阔9.1米，进深7米，占地面积63.7平方米。四柱五楼式全砖结构门楼。门前为路坦，两边『八』字墙，青料石铺甬道，入口两侧安放抱鼓石一对，楼檐下有砖制斗拱、雀替等砖雕饰构件，制作精致，具有浓厚的明代风格。2008年被列为黄山市重点文物保护单位。

黄八斤宅

位于徽州区呈坎镇呈坎村钟英街，建于清代。坐东朝西，建筑面积105.8平方米。三开间上下对堂二层建筑。进门为三间显厅，上堂三间，明间厅，两次间房。楼上走马楼，与下堂通，沿天井一周坎上全部格子门装修。

黄八立宅

位于歙县雄村镇朱村，建于清代。坐北朝南，二进三开间楼房。通面阔9.1米，通进深9.25米，占地面积84.2平方米。大门有门楼，门楼有精美砖雕。内部有花窗、格子窗，斜撑等构件有雕刻。

黄柏零宅

位于黟县西递镇西递村，建于清代。坐北朝南。主体通面阔9.6米，通进深7.6米，建筑面积95.5平方米，占地面积78.9平方米。三开间二层建筑。

黄保英宅

位于黟县碧阳镇石亭村，建于清代。坐北朝南。开间10.1米，进深15.35米，占地面积155平方米。三开间带二廊上下堂中天井二层建筑。隔扇门窗和横风窗保存较完好，制作较精致，大门砖雕门楼保存完整。

黄宾虹故居

位于歙县郑村镇潭渡村，主厅怀德堂建于清康熙五十七年（1718），今已毁不存。现存后堂为三开间楼屋，前有门廊和小天井。占地面积约400平方米，现辟为『黄宾虹故居纪念馆』。正屋宾虹自题为『宾虹草堂』和『虹庐』。左廊通厨下，屋前为小院，出左院门，即至『玉森斋』。三开间平房，前院有一块假山石，名『石芝』。1989年被列为安徽省重点文物保护单位。

黄斌宅

位于歙县徽城镇旸村，建于清代。坐北朝南，一进三开间砖木结构二层建筑。通面阔7.4米，通进深7.5米，占地面积56平方米。曾有改建。

黄春上等宅

位于歙县杞梓里镇茶枝园村，建于清末。坐西朝东，三进三开间二层建筑。通面阔8.8米，通进深10.7米，占地面积94.2平方米。砖木结构。中有天井，青石门框，砖雕门楼。

黄大龙等宅

位于歙县三阳镇中村118号，建于清代。一进三开间楼房。通面阔8.25米，通进深8.65米，占地面积72平方米。两边房，照壁后上楼，四开门。

黄德高宅

位于黟县碧阳镇古黄村黄村组，建于清末。坐西北朝东南，开间9.85米，进深9.4米，占地面积92.6平方米。一进三开间一天井二层建筑，木构架基本保存完好，天花板彩绘。

黄德鹏宅

位于婺源县大鄣山乡黄村，建于明末。占地面积120平方米。原为并排两座一模一样的建筑，相传为明末村中同榜中举的父子所建。坐东朝西，二进三开间。深坑天井，坑内有精美鲤鱼、荷花装饰的排水孔。2005年被列为婺源县重点文物保护单位。

黄冬苟宅

位于黄山区仙源镇龙山村羊河组，建于清代。占地面积194平方米，二进五开间。以前是宗祠，后进梁柱粗大，后墙枋上张贴的捷报可见。穿斗式，水门汀地面已损坏。内有月梁1对，花格窗1副，简易斜撑5个。

黄笃成宅

位于黄山区甘棠镇凤凰村大屋组，建于清代。占地面积301.21平方米，二进五开间。前、中进有两个天井，水门汀地面棱形花纹，青花砖墙。木架结构穿斗式，梁为松木，有卷棚，顶为望砖砌铺。天井上有斜撑14个，为八仙、狮子戏球等纹饰；卷棚处有月梁2对，圆雕，为双狮绣球图。

黄飞宅

位于黟县碧阳镇古黄村古筑组，建于清代。坐北朝南。开间9.7米，进深9.2米，占地面积89.2平方米。三开间砖木结构二层建筑。花岗岩石板天井，彩绘天棚，木构架及装修、砖门楼制作较好。

黄凤眉宅

位于黟县碧阳镇赤岭村玕田组，建于清末。坐南朝北。开间8.7米，进深7.4米，占地面积64.4平方米。三开间有天井砖木结构二层建筑。木构架承重，房屋整体保存较完整。

黄福云、陶嗣荣宅

位于黟县宏村镇龙江村蓬厦组，建于清末。坐东北朝西南。开间9.36米，进深12.35米，占地面积115.6平方米。三开间前堂后厅带二厢二层建筑。右厢侧门通厨房，照壁后设楼梯上楼。

黄根生等宅

位于歙县徽城镇问政村，建于清代。坐东朝西，一进三开间砖木结构二层建筑。通面阔10.5米，通进深8.7米，占地面积91.35平方米。有木雕，门楼上有砖雕，较为精美。

黄观永宅

位于歙县北岸镇呈村降村呈西自然村，建于清代。坐北朝南，一进三开间楼房。通面阔9.6米，通进深12.45米，占地面积119.52平方米。门楼无砖雕，内无木雕，正面墙上的墙画精美。

黄光瑞宅

位于黟县碧阳镇古黄村黄村组，建于清代。坐西朝东。开间19.85米，进深6.75米，占地面积134平方米。三开间带二厢有天井二层建筑。

黄国平宅

位于黟县碧阳镇南屏村，建于清末。坐西南朝东北。开间9.7米，进深11.95米，占地面积115.9平方米。一进三开间带二厢上下堂二层建筑。天井完好，木构配件基本齐全，精美别致。

黄海泉等宅

位于休宁县汪村镇山后村坞里组村中央，又名『承庆堂』，建于清代。占地面积103.6平方米。坐北朝南，共二进。一进三开间，雀替雕刻花卉，立柱及柱础方形，上方悬挂『承庆堂』匾额；二进假四合式，柱础方形，斜方格挂落，木隔扇门饰方格，雀替雕草龙。

黄和峰、胡新华宅

位于黟县西递镇西递村，建于清道光年间。坐西北朝东南，三开间二层建筑。主体通面阔10.25米，通进深8.75米，建筑面积215.6平方米，占地面积89.7平方米。

黄和生宅

位于黟县西递镇西递村，建于清代中期。坐北朝南。主体通面阔9.7米，通进深11米，占地面积101.2平方米。三开间二层建筑。

黄洪峰宅

位于黟县宏村镇龙江村江村一组，建于清代。坐北朝南。开间10米，进深8.2米，占地面积82平方米。三开间带二厢有天井二层建筑。正面大门为入口，照壁后上楼，后檐墙门通厨房。三合土地坪。木构架、装修等保存较完整。

黄鸿全、胡壬林宅

位于黟县碧阳镇横岗村，建于清代。坐北朝南。开间9.85米，进深8.75米，占地面积86.2平方米。三开间带二厢有天井二层建筑。隔扇门窗、横风窗、楼行栏杆等木构配件制作精美，大门砖雕门楼保护较完好。

黄家春宅

位于歙县徽城镇渔梁街，建于清代。坐东朝西，一进一开间。通面阔9.85米，通进深3米，占地面积30平方米。

黄家大院

位于歙县徽城镇斗山街，建于明末。坐南朝北，三进三开间砖木结构。通面阔9.2米，通进深14米，占地面积130平方米。大门前进有门套，天井开阔，两边原有厢房，大厅梁柱粗大。二、三进楼下已重建，楼上保存原貌。

黄家林宅

位于歙县徽城镇旸村，建于清代。坐北朝南。通面阔9.4米，通进深10.6米，占地面积99.64平方米。砖木结构二层建筑。有简易砖雕门楼。

黄家生等宅

位于黄山区仙源镇龙山村黄家塘自然村，建于清初。占地面积113平方米。一进五开间。穿斗式，水门汀地面已损坏，平铺式天井大部分被覆盖，前进被国民党飞机轰炸后倒塌。

黄建发宅

位于黟县宏村镇龙江村神堂组，建于清代。坐西朝东。开间7.7米，进深6.1米，占地面积47平方米。三开间二层建筑。正面大门为入口，照壁后上楼。三合土地坪。木构架、装修整体保存较完整。

黄建禄宅

位于黟县碧阳镇古黄村黄村组，建于清末。坐北朝南。开间10.7米，进深9.15米，占地面积97.9平方米。一进三开间一天井二层建筑。天花板彩绘，照壁后上楼，木构架保存较好，木装修等构配件基本完好，天井形制完好。

黄建平宅

位于黟县碧阳镇古黄村黄村组，建于清末。坐东朝西，一进三开间二层建筑。开间8.5米，进深7.2米，占地面积61.2平方米。木构架基本完好，大门砖雕门楼保存较好，做工较精致。

黄建强宅

位于黟县碧阳镇古黄村黄村组，建于清代。坐西朝东，三开间带二厢有天井二层建筑。开间9.95米，进深8.15米，占地面积81.1平方米。

黄进保宅

位于黟县碧阳镇赤岭村，建于清代。坐南朝北，三开间有天井砖木结构二层建筑。开间9.4米，进深7.15米，占地面积67.2平方米。木构架承重，内构制作较好。

黄进生宅

位于黟县碧阳镇古黄村黄村组，建于清代。坐北朝南，三开间带二厢有天井二层建筑。开间10.1米，进深8.3米，占地面积83.8平方米。

黄口古宅

位于屯溪区阳湖镇黄口桥南端西侧景观带内，建于清代。占地面积约120平方米。坐北朝南，一进三开间砖木结构二层建筑。穿斗式构架，硬山式屋顶。明间作厅，次间作厢房，上下堂布局，上堂太师壁后有楼梯，自东向西登楼。

黄立达宅

位于歙县北岸镇呈村降村呈西自然村，建于清代。坐北朝南，一进三开间楼房。通面阔9.6米，通进深7.4米，占地面积71.04平方米。大门有门楼无砖雕，内无木雕。

黄立平宅

位于黟县碧阳镇古黄村黄村组，建于清末。坐北朝南，一进三开间二层建筑。开间9.75米，进深6.7米，占地面积65.3平方米。楼梯在照壁后。

黄立新宅

位于歙县许村镇许村环泉自然村023号，建于清代。坐南朝北，一进三开间楼房。通面阔10.35米，通进深6.75米，占地面积70平方米。大门设在东侧，门窗、木雕保存完整，整栋房子保存尚好。门楼有砖雕。

黄丽芳宅

位于黄山区永丰乡永丰村卓村自然村北部，建于清代。门向南。占地面积109平方米，高约3.1米。木架结构穿斗式，斜方格纹水门汀地面。平铺式天井，板壁墙，中堂天棚藻井式（三层四方形）。

黄利平宅

位于黟县宏村镇际村，建于清代。坐西朝东，三开间上下厅中天井二层建筑。开间10.02米，进深13.58米，占地面积136平方米。右厢上楼，前进左边间前墙门为入口，大门通外。三合土斜方格地面。

黄利平宅

位于黟县碧阳镇古黄村古筑组，建于清代。坐西朝东。开间10米，进深8.65米，占地面积86.5平方米。三开间带二厢有天井砖木结构二层建筑。有隔扇、木构配件、楼行栏杆及清水砖门楼。

黄路生等宅

位于黄山区三口镇白果树村白果组，建于晚清。占地面积146.6平方米。二进三开间，半跑马楼式，高约5米。木架结构穿斗式，水门汀地面，地沟式天井，板壁墙。柱、梁为白果木、松木，装饰板类多为松木。

黄茂祥宅

位于黟县宏村镇际村，建于清代。坐西朝东，三开间带二厢上下厅中天井二层建筑。开间9.66米，进深12.84米，占地面积124平方米。左厢上楼，前进边间前檐墙为入口大门，左厢侧耳门通外路，右厢侧耳门通厨房。三合土斜方格地面。

黄梦六宅

位于黟县西递镇西递村，建于清代。坐北朝南，三开间二层建筑。主体通面阔9.7米，通进深7.8米，占地面积75.5平方米。

黄民建宅

位于歙县深渡镇定潭村六组，建于清代。坐南朝北，一进三开间二过厢二层建筑。通面阔8.1米，通进深5.7米，占地面积46.17平方米。厅后楼梯，大门顶挑檐，镶青砖，粉素墙。

黄佩伟等宅

位于黟县宏村镇际村，建于清代。坐西朝东，三开间带二厢有天井二层建筑。开间9.6米，进深8.29米，占地面积79.5平方米。左边间前墙门为入口大门，左厢侧耳门通厨房。

黄清平宅

位于黟县碧阳镇古黄村黄村组，建于清末。坐西朝东，一进三开间一天井二层建筑。开间10.05米，进深8.4米，占地面积84.4平方米。天花板彩绘，木构架基本完好。

黄庆生宅

位于黟县碧阳镇古黄村黄村组，建于清代。坐北朝南，三开间带二厢有天井二层建筑。开间10.65米，进深7.45米，占地面积79.3平方米。木构配件及隔扇门窗、横风窗、楼行栏杆等保护较好，大门砖雕门楼保存完整，制作较精致。

黄荣奎、黄志达宅

位于歙县北岸镇呈村降村呈西自然村，建于清代。坐北朝南，一进三开间楼房。通面阔 8.75 米，通进深 10.7 米，占地面积 93.63 平方米。大门有门楼，门楼有砖雕，较为精美，内有诸多精美木雕。

黄润森宅

位于歙县北岸镇呈村降村呈西自然村，建于清代。坐北朝南，一进三开间楼房。通面阔 8.1 米，通进深 9.6 米，占地面积 77.76 平方米。大门有门楼，门楼无砖雕，内有少量木雕，厅中有『高龄淑德』匾额。

黄社初宅

位于黟县碧阳镇古黄村黄村组，建于清代。坐东朝西，三开间厅堂式带二厢有天井二层建筑。开间10.3米，进深8.7米，占地面积89.6平方米。隔扇门窗、横风窗、楼行栏杆等木构配件保存完好，做工精致。

黄胜利宅

位于黟县碧阳镇北街社区，建于清代。坐西朝东，三开间有天井二层建筑。开间9.4米，进深7.75米，占地面积72.9平方米。砖木结构，木构架承重，木构架、装修等保存较完整，构配件保存较完整，天棚彩绘。

黄顺和宅

位于黟县宏村镇雉山村卢村组，建于清代。坐北朝南，二进三开间带二厢二天井二层建筑。开间9.39米，进深13.76米，占地面积129.2平方米。有门楼，照壁后上楼，左后厢通厨房。

黄顺荪宅

位于黟县碧阳镇古黄村黄村组，建于清代。坐东北朝西南，三开间带二厢无天井二层建筑。开间8.9米，进深12.6米，占地面积112.1平方米。

黄松发宅

位于黄山区甘棠镇甘棠社区前山组，又名『四偏房』，建于清代。为崔姓祠堂偏房，其北侧分为四个部分，中堂为一进五开间，东偏房，西偏房，西北偏房。木架结构穿斗式，水门汀地面，地沟式天井，顶棚望砖。

黄松源宅

位于黟县碧阳镇郭门社区，建于清代。坐西朝东，三开间带二厢有天井砖木结构二层建筑。开间9.5米，进深8.05米，占地面积76.5平方米。2014年被列为黟县重点文物保护单位。

黄卫棣宅

位于黟县宏村镇际村，建于清代。坐东朝西，三开间带二厢有天井二层建筑。开间10.1米，进深8.01米，占地面积81平方米。大门朝前，左厢侧耳门通外路，右厢侧耳门通厨房，照壁后上楼，有门楼。

黄锡富宅

位于黟县碧阳镇关麓村，建于清代。坐南朝北，上厅下堂三开间砖木结构二层建筑。开间9.9米，进深11.75米，占地面积116.3平方米。内设屏风门套。木构架承重，木构配件、隔扇等制作精致，天棚彩绘。

黄小平宅

位于黟县碧阳镇古黄村黄村组，建于清代。坐东朝西，三开间带二厢有天井二层建筑。开间9.35米，进深7.35米，占地面积68.7平方米。隔扇门窗、横风窗等木构配件和砖雕门楼保护较好，制作较精致。

黄筱敏宅

位于黟县碧阳镇古黄村黄村组，建于清代。坐北朝南，三开间带二厢有天井二层建筑。开间9.4米，进深8.55米，占地面积80.4平方米。隔扇门窗、横风窗等构配件及砖雕门楼保护完整，制作精致。

黄新发宅

位于黟县西递镇西递村，建于清咸丰年间。坐西北朝东南，三开间二层建筑。主体结构通面阔9.3米，通进深10.9米，占地面积101.4平方米，建筑面积120.4平方米。

黄秀娟等宅

位于歙县富堨镇徐村后街，建于清代。坐东南朝西北，二进三开间楼房。通面阔13.5米，通进深9.65米，占地面积130.4平方米。下堂有厢房。大门有门楼，门楼有砖雕，用黄泥涂抹，内部斜撑、窗栏等构件有雕刻。

黄绪清宅

位于绩溪县华阳镇八角井2号，建于清代中期。坐北朝南，一进三开间二层建筑。占地面积60平方米。东西厢房，斜撑、雀替均有精美雕刻，有一天井，外围封火墙，正厅的柱上有太平军砍过的刀痕。

黄轩故居

位于休宁县五城镇古林村大门前自然村2号，建于清代。占地面积174.91平方米。坐北朝南，二进三开间。一进内门罩砖雕饰花草、变形『寿』字，中嵌『为善最乐』砖雕匾额，地铺红砂岩石板，柱础石鼓状，雀替、额枋雕刻卷草，楼栏板饰小方格。二进雕刻简单，仅见斜方格及卷草图案。

黄忆鑫宅

位于休宁县商山镇黄村上村组村中央，建于清代。占地面积132平方米。坐南朝北，一进三开间二堂布局。地铺长条石，柱础呈圆柱状，雀替雕花卉，斜撑雕倒悬狮，木隔扇窗饰小方格，裙板饰小花。后进雀替、斜撑饰花卉，额枋雕人物。

黄永成宅

位于休宁县商山镇黄村，建于清代。占地面积65.56平方米。一进三开间。地面铺红砂条石板，柱础呈石鼓状，雕花卉图案，斜撑雕刻倒挂狮，额枋饰土龙及变形『寿』字，雀替雕刻花卉，木隔扇窗饰小方格，裙板亦刻小方格。

黄永华宅

位于黟县宏村镇雉山村卢村组，建于清代。坐西朝东，三开间上下厅中天井二层建筑。开间10.9米，进深12.38米，占地面积134.9平方米。右厢上楼。

黄永泰宅

位于休宁县商山镇黄村，建于清代。占地面积131.26平方米。二进五开间。地袱石装饰梅、鹿，雀替雕刻鹿、花卉，斜撑雕刻倒挂狮，额枋雕花卉，木隔扇窗饰小方格，裙板雕花卉、斜方格。二进柱础圆鼓状，饰蝙蝠、鹿、鹤等。

黄雨龙宅

位于歙县徽城镇新北街42号，建于清末。坐东朝西，三进三开间砖木结构二层建筑。通面阔9.5米，通进深11.6米，占地面积109.7平方米。圆柱支撑，窗子有木雕。

黄玉珍等宅

位于歙县三阳镇三阳村，建于清代。二进三开间一明堂二层建筑。通面阔10.1米，通进深18.45米，占地面积186.3平方米（含院落）。有精美的砖雕和木雕。明堂面阔明亮，入门有隔断。电影《菊豆》曾在此院小门外取景。

黄育芳宅

位于黟县碧阳镇古黄村黄村组，建于清代。坐北朝南，一进三开间一天井二层建筑。开间10.2米，进深9.25米，占地面积94.4平方米。天井完好，大门门楼保存完好，雕刻精美别致，木构架完好。

黄月琴宅

位于歙县徽城镇斗山街，建于清代。坐东朝西，二进三开间楼房。通面阔10.63米，通进深15.23米，占地面积163平方米。砖木结构。下堂三间，格子木雕窗栏，天井狭长，地漏为铜钱形。正厅两边厢房，照壁后楼梯上楼，天井南边为厨房。厨房有一小天井。

黄月升宅

位于歙县富堨镇徐村下街组，建于清代。坐北朝南，二进三开间楼房。通面阔10.9米，通进深9.4米，占地面积102.5平方米。大门有简易门楼，梁上有雕花。

黄跃胜宅

位于徽州区岩寺镇永兴社区上渡桥，建于清代。坐北朝南，建筑面积249.24平方米。前进五开间，后进三开间二层楼房。前进为五间楼房，三间为厅，次间为房。饰月梁，有丁字拱，拱眼有一朵花。后进明间厅，两次间装住房。楼上前后进走马楼，三间分割。

黄云新宅

位于黟县碧阳镇古黄村黄村组，建于清代。坐北朝南，三开间带二厢有天井二层建筑。开间9.55米，进深7.65米，占地面积73.1平方米。隔扇门窗、横风窗、楼行栏杆等木雕构件保存较好，做工较精致，大门砖雕门楼保存较好。

黄兆富宅

位于黟县宏村镇龙江村林村组，建于清末。坐东北朝西南，三开间有天井二层建筑。开间9.3米，进深7.7米，占地面积71.6平方米。正面大门，后檐墙门通厨房，照壁后上楼。木构架、装修整体保存完整。

黄争取宅

位于休宁县万安镇上黄村，建于清代。占地面积65.6平方米。坐北朝南，一进三开间。门罩砖雕刻人物、回纹、花鸟图案。柱础方形，梁架穿斗式。木隔扇窗饰方格图案，裙板雕刻花草、动物图案。

黄转娇、胡金声宅

位于黟县西递镇西递村，建于清道光年间。坐东朝西，三开间二层建筑。主体通面阔10.25米，通进深13.7米，建筑面积140.4平方米。

篁墩中街5号宅

位于屯溪区屯光镇篁墩村中街5号，建于清代。占地面积122平方米。坐西南朝东北，砖木结构，二进三开间二层建筑。前店后居式布局，穿斗式构架，硬山式屋顶。天井与厅堂均石板铺地。门窗、雀替等均雕花装饰。

徽商大宅院

位于绩溪县瀛洲镇龙川村，俗称『24个门槛』，建于清代中期。占地面积1700平方米。现存有主楼、东向楼房、西向楼房、前向庭院和后向花园。砖木结构，重门叠园，小巷幽幽，集砖、木、石三雕为一体，为不可多得的古民居建筑。2005年被列为绩溪县重点文物保护单位。

积善堂

位于歙县霞坑镇洪琴村，建于清代。坐西北朝东南，二进三开间。通面阔12米，通进深17.2米，占地面积约206平方米。门楼有精细砖雕，厅内悬『积善堂』匾额，格子门、窗栏、斜撑等构件有精美雕刻，主要为花草图案。木雕、砖雕保存完整。2006年被列为歙县重点文物保护单位。

积善堂

位于黟县宏村镇宏村，建于清代。坐北朝南，二层三间式结构。占地面积154平方米，建筑面积225平方米，主体建筑通面阔为15.4米，通进深8米。木雕保存完好。

积馀堂

位于黟县宏村镇塔川村塔川组，建于清代中期。坐东北朝西南，开间10.7米，进深16.1米，占地面积172.3平方米。三开间带二厢中天井上下堂二层建筑。木雕技艺精湛，栩栩如生，堪称徽派木雕之典范，油漆彩绘鲜艳夺目，保存完好。2010年被列为黟县重点文物保护单位。

纪继根宅

位于歙县璜田乡璜蔚村红卫组，建于清代。坐西北朝东南，二进三开间。通面阔13.8米，通进深16.8米，占地面积199.44平方米。均为硬山顶，青瓦盖顶。

继序堂

位于婺源县江湾镇下晓起村，茶商汪允圭的宅院。三进二天井，中、后堂三间两厢，二层二进的继序堂居中，西为厨房及若干卧室，宅前与礼耕堂合用一长条形院落，临河开设漏窗，可观景、听水。此屋的门楣被众多专家誉为『江南第一砖雕』。占地面积712平方米，保存良好。2005年被列为上饶市重点文物保护单位。

继志堂

位于婺源县浙源乡虹关村，建于清嘉庆十七年（1812），为制墨名家詹汇川所建。现为俞桂琴宅。正厅坐北朝南，占地面积170平方米。前有门院。正堂二进三开间带四厢，二层为走马楼。屋内梁枋木雕保存完好，护净雕琢达五层，刀工精熟。二进悬有『松龄鹤算』金字匾额，是当时婺源县令为贺屋主人七十寿辰而题赠。2005年被列为婺源县重点文物保护单位。

继志堂

位于婺源县思口镇思溪村，又称『孝友兼隆厅』，建于清乾隆三十二年(1767)。占地面积310平方米。著名茶号『兴泰里』三座连幢屋(三兄弟)之老大居所，建筑精巧，正厅月梁上木雕『鲤鱼跳龙门』神韵活现。堂屋两厢腰板雕刻的十二名花，争相夺艳。2006年被列为婺源县重点文物保护单位。

嘉善堂

位于歙县杞梓里镇六合村，建于清末。汪炳淦等人宅。坐北朝南，三进三开间，砖木结构二层建筑。通面阔8.8米，通进深12.2米，占地面积约107.36平方米。青石门框，砖雕门楼。

贾家大院

位于屯溪区黎阳镇黎阳街28号、30号，建于清末。由主屋、东偏屋、西偏屋三部分组成。三个单元之间楼上、楼下相互通达。中间主屋为二进三开间楼房，门楼砖雕装饰刀法细腻，造型优美。东偏屋另起大门，三进二天井回廊式楼房。西偏屋横三间小巧玲珑。2016年修复后，28号楼被辟为徽州乡贤馆。2008年被列为黄山市重点文物保护单位。

俭德堂

位于歙县杞梓里镇石岭村，建于清道光中叶。坐北朝南（略偏），二进三开间砖木结构二层建筑。通面阔8.8米，通进深11.5米，占地面积101.2平方米。青石门框，砖雕门楼。边厢上楼，中有天井，锡水笕。

俭永堂

位于黟县宏村镇宏村，建于清代。坐北朝南，三开间二层建筑。占地面积190平方米，建筑面积284平方米，主体部分通面阔10.4米，通进深14.8米。内部木雕保存完整。

江爱莲宅

位于黟县宏村镇龙江村上轴组，建于清代。坐北朝南偏西，三开间前后厅二层建筑。开间10.4米，进深17.95米，占地面积186.7平方米。正面大门，照壁后上楼。三合土地坪。木构架、装修等较完整，木构配件、隔扇等制作精致。门楼砖雕制作较好，保存完整。

江柏春等宅

位于黟县碧阳镇石亭村，建于清末。坐西北朝东南，一进三开间上下堂中天井二层建筑。开间10.1米，进深13.85米，占地面积139.9平方米。木构架保存较好，天井形制完整，花岗岩地坪石保存基本完好，木雕刻保存基本完整。

江宝康宅

位于歙县森村乡皋径村，建于清末。坐南朝北，一进三开间。通面阔9.6米，通进深9.2米，占地面积88.3平方米。内有天井，里侧有厢房，门庭院内有精美砖雕、木刻。

江才汉等宅

位于歙县许村镇塔山村，建于清代。坐北朝南，二进三开间楼房。通面阔9.3米，通进深13.4米，占地面积124.62平方米。前进楼层无窗，有天井，木雕已被毁。

江才清等宅

位于歙县许村镇塔山村，建于清代。坐南朝北，大门朝东开，二进三开间带二厢楼房。通面阔8.7米，通进深6.9米，占地面积60平方米。厢房已烂。有一天井，有简易门楼。

江才全等宅

位于歙县许村镇塔山村，建于清代。坐东朝西，二进三开间楼房。通面阔9.25米，通进深11.7米，占地面积108.2平方米。无木雕，砖雕简单，有天井，大门楼为八字形。

江才义等宅

位于歙县许村镇塔山村，建于清代。坐北朝南，二进三开间楼房。通面阔8.5米，通进深15.5米，占地面积131.75平方米。

江才智等二号宅

位于歙县许村镇塔山村，建于清代。坐北朝南，二进三开间楼房。通面阔9.8米，通进深11.45米，占地面积112.21平方米。后进没有房间，无砖木雕刻。有门楼。

江才智等一号宅

位于歙县许村镇塔山村，建于清代。坐北朝南，一进三开间带二厢楼房。通面阔9.7米，通进深7.2米，占地面积69.84平方米。底层窗两边有格子，楼顶有望砖。

江彩文宅

位于歙县许村镇跳石村竹溪自然村，建于清代。坐北朝南，二进三开间楼房。通面阔9.4米，通进深10.7米，占地面积100.58平方米。有天井，大门有简易门楼，东厢房倒塌。

江彩仙宅

位于歙县徽城镇大梅口村，建于清代。坐东朝西，一进三开间砖木结构二层建筑。通面阔8.6米，通进深5.9米，占地面积51平方米。有小冬瓜梁。大门有简易门楼和漏窗。

江大征宅

位于歙县许村镇塔山村，建于清代。坐北朝南，一进三开间楼房。通面阔10米，通进深6.3米，占地面积63平方米。天井已改，无砖木雕刻，结构简单。

江丹华宅

位于歙县徽城镇斗山街，建于明末清初，民国时期曾改建。坐北朝南，三进三开间楼房。通面阔9.1米，通进深19.8米，占地面积180.18平方米。前有小院，格子门，天井两侧有廊。

江东苟等宅

位于黄山区三口镇白果树村红光组，建于清末。二进三开间。占地面积132.08平方米，高约5.5米。木架结构穿斗式，水门汀地面（斜方格纹饰），地沟式天井，板壁墙，天棚望砖。柱、梁多为白果木，椽、望板、檐多为松木。

江多强宅

位于黟县西递镇西递村，建于清光绪年间。坐东朝西，三开间二层建筑。建筑面积132.9平方米，主体通面阔11.7米，通进深8.8米。

江凤霞宅

位于黟县宏村镇龙江村蓬厦组，建于清代。坐东北朝西南，一开间二层建筑。开间4.96米，进深7.66米，占地面积38平方米。前厅后房，照壁后上楼，活动楼梯，正门屋外左边厨房。

江福庆、江寿仁宅

位于黟县碧阳镇钟山村石屏组，建于清末。坐西南朝东北，二进三开间二天井砖木结构二层建筑（前进为上下厅，中天井）。开间11.3米，进深16.7米，占地面积188.7平方米。木构架及木构配件制作较好。

江革会宅

位于黟县碧阳镇钟山村余光组，建于清代。坐北朝南，三开间带二厢有天井砖木结构二层建筑。开间10.5米，进深9.65米，占地面积101.3平方米。隔扇、横风窗、构配件、门楼保存较好。

江根基宅

位于黟县宏村镇汤蜀村蜀里组，建于清代。坐西朝东，三开间带二厢有天井二层建筑。开间8.9米，进深8.65米，占地面积77平方米。大门朝前，左右耳门通厨房，照壁后上楼。三合土斜方格地面。

江根荣宅

位于歙县许村镇塔山村，建于清代。坐西朝东。通面阔8.5米，通进深15.5米，占地面积131.75平方米。前堂为四合院，后堂为三间楼房，有天井。四合院上下廊梁撑有4个花草木雕，保存基本完整。窗栏格子木条完整。

江根水宅

位于歙县许村镇许村三组109号，建于清代。坐东朝西，一进三开间楼房。通面阔9.07米，通进深11.67米，占地面积105.8平方米。有一天井，右边有厢房。

江光华宅

位于黟县宏村镇龙江村，建于清代。坐北朝南，三开间前后厅带厢廊二层建筑。开间9.65米，进深17.9米，占地面积172.7平方米。正面大门，后厅照壁后上楼。条砖铺地。

江光明宅

位于黟县宏村镇龙江村，建于清末。坐北朝南，三开间二层建筑。开间8.4米，进深6.2米，占地面积52.1平方米。活动木梯上楼，右房右侧门通厨房。

江广辉宅

位于歙县许村镇塔山村，建于清代。坐西朝东，半楼屋。通面阔6.4米，通进深7米，占地面积44.8平方米。有一小天井，无砖木雕刻，房屋构造较简单。

江桂花宅

位于歙县徽城镇大梅口村，建于清代。坐北朝南，二进三开间二层建筑。通面阔8.55米，通进深12.45米，占地面积106.5平方米。有天井，部分倒塌。大门有简易门楼。

江桂花宅

位于黄山区谭家桥镇中墩村小河口组，建于清代。一进三开间，现后进被拆除，存前进。高约4.5米，占地面积70平方米。木架结构穿斗式，水门汀地面，板壁墙，天棚望板。

江国宝宅

位于歙县上丰乡上丰村，建于清代。坐东朝西，二进三开间楼房。通面阔8.8米，通进深13.1米，占地面积115平方米。前临街，后通丰源河。上下堂有厢房。梁头有天官等雕刻，上下堂有雕花屏门装隔，屏门有精美雕刻。

江国良宅

位于歙县森村乡满田村，建于清道光年间。坐北朝南，一进三开间。通面阔16.3米，通进深17.8米，占地面积290.1平方米。门前有精美砖雕，中有天井，左右两厢屏门相隔。上下两层，圆柱方梁。

江国伟宅

位于黟县宏村镇龙江村蓬厦组，建于清末。坐西朝东，三开间带厢廊厅堂式有天井二层建筑。开间17.69米，进深9.38米，占地面积165.9平方米。前檐正中为入口大门、门楼。左厢侧耳门通偏厅，偏厅后墙门通厨房，偏厅为二间二层（一厅一房）。

江国文宅

位于歙县森村乡皋径村，建于清末。坐东朝西，一进三开间。通面阔 8.6 米，通进深 15.1 米，占地面积 129.86 平方米。内有天井、门庭，院内有精美砖、木、石雕刻。两厢有雕花屏门相隔，内设华美。前有庭院，后为房屋。

江海泉宅

位于黟县宏村镇龙江村林村组，建于清末。坐东北朝西南，三开间前堂后厅中天井二层建筑。开间 9.15 米，进深 10.75 米，占地面积 98.4 平方米。正面大门，右侧门通厨房，照壁后上楼。

江海星宅

位于黟县宏村镇龙江村江村一组，建于清代。坐东朝西，三开间带二厢有天井二层建筑。开间9.15米，进深7.85米，占地面积71.8平方米。左厢侧门，后檐墙门通厨房，照壁后上楼。三合土地坪。木构及装修、构配件完整，制作较好。

江鹤海宅

位于黟县碧阳镇钟山村沙溪组，建于清代。坐西朝东，二进三开间带二厢有天井砖木结构二层建筑。开间8.8米，进深10.5米，占地面积92.4平方米。隔扇、木构配件、门楼保存较好。

江宏云宅

位于黟县宏村镇龙江村上轴组，建于清末。坐北朝南，三开间前堂后厅中天井二层建筑。开间9.6米，进深11.15米，占地面积107平方米。正面大门，右厢侧设楼梯上楼。

江花宅

位于歙县雄村镇柘林倍村，建于清代。坐北朝南，原有二进三开间。通面阔10.9米，通进深9.5米，占地面积103.55平方米。有一天井。前进因倒塌已拆除。后进二层楼，有格子窗。有简易斜撑。有圆形石础。

江化昆宅

位于歙县许村镇塔山村，建于清代。坐北朝南，一进三开间楼房。通面阔13.9米，通进深8.7米，占地面积120.9平方米。有天井，有简易门楼。

江怀笔等宅

位于歙县许村镇塔山村，建于清代。坐北朝南，一进三开间带二厢楼房。通面阔10米，通进深10米，占地面积100平方米。有天井，瓦下有望砖。『文革』时梁撑被部分破坏。

江怀烈宅

位于歙县许村镇塔山村，建于清代。坐北朝南，一进三开间带二厢楼房。通面阔9.3米，通进深7.6米，占地面积70.68平方米。原有天井，现已盖上明瓦。有砖木雕，基本保存原貌。

江辉宅

位于黟县宏村镇龙江村江村一组，建于清代。坐北朝南，三开间二层建筑。开间8.9米，进深6.95米，占地面积61.9平方米。正面大门，照壁后上楼，后檐墙门通厨房。

江慧敏宅

位于黟县宏村镇龙江村江村二组，建于清代。坐北朝南，三开间前堂后厅中天井二层建筑。开间8米，进深12.05米，占地面积96.4平方米。正面大门，左侧门通外，右侧门通厨房，照壁后上楼。

江集美、江从周宅

位于黟县宏村镇龙江村江村一组，建于清代。坐北朝南，三开间二层建筑。开间8.35米，进深8.1米，占地面积56.5平方米。正面大门，左侧门通厨房，右侧门通偏房，照壁后上楼。条砖铺地。木构架等保存完整。

江季男宅

位于黟县碧阳镇麻田社区，建于清末。坐南朝北，三开间带二厢有天井砖木结构二层建筑。开间9.45米，进深6.55米，占地面积61.9平方米。木构架、木装修较好，楼行栏杆和窗罩雕刻精美。

江继光、江胜利宅

位于歙县富堨镇承狮村丰溪组，建于清代。坐东朝西，二进三开间楼房。通面阔8.9米，通进深10.7米，占地面积95.2平方米。下堂有厢房，天井两侧雕花屏门装隔。

江继女宅

位于歙县徽城镇大梅口村，建于清代。坐南朝北，一进三开间砖木结构二层建筑。通面阔8.85米，通进深10.3米，占地面积91平方米。有一天井。

江加德宅

位于祁门县古溪乡谢家村磜源组，建于清末。坐北朝南，一进三开间，徽派砖木结构二层建筑。通面阔10.1米，通进深9.4米，占地面积95平方米。前设天井采光通风，屋内雕刻简朴，隔扇已失。

江家飞等宅

位于歙县许村镇跳石村深川组，建于清末。坐北朝南，一进三开间楼房。通面阔6.9米，通进深7.6米，占地面积52.4平方米。原门楼已损坏。

江家老宅

位于婺源县江湾镇上晓起村，建于清初。原为江姓大宅，又名『敬修堂』，是上晓起村保存时间最长的古屋。坐东朝西，主屋三进二天井，另有偏屋二天井，气势恢宏。屋内曾走出一代名医江南春和两次受乾隆褒奖的御医江宽侣等。占地面积759平方米，保存良好。2005年被列为上饶市重点文物保护单位。

江家平宅

位于黟县宏村镇汤蜀村蜀里组，建于清代。坐西朝东，三开间带二厢有天井二层建筑。开间9.3米，进深7.65米，占地面积75平方米。右厢侧耳门通偏厅，后檐墙门通厨房，照壁后上楼。三合土斜方格地面。双面制作门楼较全，隔扇及木构配件制作精致。

江家仁宅

位于黟县宏村镇龙江村江村一组，建于清代。坐北朝南，三开间带二厢有天井二层建筑。开间9.4米，进深7.25米，占地面积68.2平方米。正面大门，照壁后上楼。三合土斜方格地面。木构架、装修等保存较完整，构配件、隔扇等制作精致。

江家声、江华育宅

位于黟县宏村镇汤蜀村蜀里组，建于清末。坐北朝南，三开间带二厢有天井二层建筑。开间9.7米，进深8.8米，占地面积85.4平方米。后檐墙门通内巷道至偏厅、厨房，左厢侧耳门通外路，大门朝前通路。前廊部设卷棚轩天棚，前门墙有双面制作门楼。

江家厅

位于屯溪区屯光镇南溪南村59号，建于清代。占地面积约400平方米。坐东朝西，门朝南，二进三开间砖木结构楼房。前进为抬梁式大厅，挂有『志仁堂』匾额，南侧有庭院和书房；后进为走马楼，南侧为厨房，雀替、斜撑、花窗等建筑构件雕花装饰，横栏板格纹装饰。

江建华宅

位于黟县碧阳镇钟山村石屏组，建于清末。坐西南朝东北，三开间带二厢有天井砖木结构二层建筑。开间10.1米，进深8.65米，占地面积87.4平方米。木构配件、隔扇、飞罩、斜撑等雕刻较好。

江建辉宅

位于黟县宏村镇汤蜀村查村组，建于清代。坐北朝南，三开间带二厢二层建筑。开间9.19米，进深6.90米，占地面积63.4平方米。左厢侧耳门通外路，照壁后上楼。

江建军宅

位于黟县宏村镇屏山村，建于清代。坐北朝南，五开间带二厢有天井有门楼二层建筑。开间14.53米，进深8.92米，占地面积129.6平方米。右厢廊上楼，左厢廊侧耳门通厨房。空斗墙围护。

江建良等宅

位于黟县宏村镇龙江村江村二组，建于清末。坐北朝南，三开间前后厅二天井二层建筑。开间9.55米，进深15.3米，占地面积146.1平方米。正面大门，有院落，后左厢侧门通路，右厢侧门通厨房，照壁后上楼，房间设阁楼。

江健林宅

位于黟县宏村镇屏山村，建于清代。坐东北朝西南，三开间带二厢有天井二层建筑。开间12.01米，进深7.6米，占地面积91.28平方米。右厢侧耳门通偏厅，右边前檐墙门通厨房，左厢内设楼梯上楼。

江金花宅

位于歙县璜田乡璜蔚村东风组，建于清代。坐西北朝东南，一进厅。通面阔8.8米，通进深8米，占地面积70.4平方米。均为硬山顶，青瓦盖顶。

江菊莲宅

位于黟县宏村镇汤蜀村蜀里组，建于清末。坐西朝东，三开间带二厢有天井二层建筑。开间9.65米，进深8.35米，占地面积80.6平方米。右厢侧耳门通厨房，照壁后上楼，大门前有坦。

江坤荣宅

位于黟县碧阳镇北街社区西街，建于清代。坐东朝西，三开间带二厢砖木结构二层建筑。开间9.9米，进深7.05米，占地面积69.8平方米。木构架承重。木构架、装修等较完整。2014年被列为黟县重点文物保护单位。

江来勇宅

位于歙县坑口乡坑口村芳坑自然村，建于清代。坐南朝北，二进三开间二层建筑。通面阔10.6米，通进深16.25米，占地面积172平方米。砖木结构。中间天井沿有献柱一对，明间梁架为抬梁式，装有瓜梁、雀替、窗栏板。楼下为抬梁式与穿斗式混合结构。

江兰芬宅

位于黟县宏村镇龙江村蓬厦组，建于清代。坐东北朝西南，三开间前后厅带二厢二层建筑。开间10.48米，进深13.11米，占地面积137.4平方米。有天井，左侧耳门通外，后檐墙设门通厨房。三合土地坪，木构架、装修及构配件较完整，隔扇等构件制作较好。

江丽娟宅

位于歙县徽城镇南源口村，建于清代。坐北朝南，二进三开间二层建筑。通面阔8.45米，通进深13米，占地面积109.9平方米。有一天井，有冬瓜梁、格子门窗。大门有门楼，门楼有精美砖雕。

江林花宅

位于歙县深渡镇向丰村，建于清代。坐南朝北，一进三开间二厢房二层建筑。通面阔8.6米，通进深5.6米，占地面积48.16平方米。正厅后为楼梯，大门顶有素雕。

江林寿宅

位于歙县小川乡灵山村，建于清代。坐北朝南，二进三开间二层建筑。通面阔10.2米，通进深11米，占地面积112平方米。有一天井，右有楼梯，厢房有少量木雕。

江林松宅

位于黟县宏村镇屏山村，建于清末。坐西朝东。开间4.47米，进深5.09米，占地面积23.8平方米。

江林荪、江玉璋宅

位于黟县宏村镇龙江村江村一组，建于清代。坐北朝南，三开间前堂后厅带二厢中天井二层建筑。开间10.35米，进深13.25米，占地面积137.1平方米。正面大门，有门楼，左厢侧门通外，右厢侧门通厨房，后厅照壁后上楼。三合土斜方格地面。

江玲康宅

位于黟县西递镇西递村，建于清代。坐西朝东，三开间三层建筑。建筑面积289.4平方米，占地面积125.4平方米，主体通面阔11.2米，通进深8.2米。

江刘根宅

位于黄山区谭家桥镇东黄山村文雅组，建于清代。二进三开间。占地面积214.56平方米，高约5.5米。前门为『八』字门，木架结构穿斗式，三合土地坪，地沟式天井，板壁墙，天棚望砖，后有倚屋。天井上檐有斜撑8个。

江吕平、江跃民宅

位于歙县许村镇塔山村，建于清代。坐东朝西，二进三开间。通面阔10米，通进深12.1米，占地面积121平方米。四合院楼房，有天井。有简易门楼。

江曼曼宅

位于黟县宏村镇龙江村江村二组，建于清代。坐北朝南，三开间前堂后厅带二厢二层建筑。开间8.8米，进深11.95米，占地面积105.2平方米。有天井，正面大门为入口，照壁后上楼。

江梅生宅

位于黟县碧阳镇仰晨弄，建于清代早期。一进三开间砖木结构二层建筑。占地面积97.9平方米，建筑面积165.71平方米。楼层为四架五檩构架，设飞椽，大门入口处内外均有砖雕门罩，厅堂底层明间东西两侧为木板壁装修，石地栿。有楹联『华堂来紫燕，乔木倚青云』。设鼓皮木照壁，悬挂楹联『崇德堂』的字匾和『文以载道史以载史，义者为己仁者为人』对联。2014年被列为黟县重点文物保护单位。

江萌华宅

位于黟县宏村镇龙江村蓬厦组，建于清代早期。坐北朝南，三开间上下厅中天井厅堂式二层建筑。开间10.6米，进深13.39米，占地面积141.9平方米。左厢侧耳门通外巷道，右厢侧耳门通外路，大门前有坦，青条石天井，三合土斜方格地面，木构冬瓜梁，天井口铺作斗拱，上厅前步设卷棚轩。木构架、木装修及构配件、斗拱、隔扇等制作较好。

江明进等宅

位于歙县富堨镇富堨村大里自然村，建于清代。坐东朝西，一进三开间二层建筑。通面阔9.6米，通进深10米，占地面积96平方米。梁上有雕花，天井两侧屏门有雕花装隔。

江培根宅

位于歙县徽城镇南源口村小梅口自然村，建于清代。坐西朝东，二进三开间楼房。通面阔 9.85 米，通进深 14 米，占地面积 137.9 平方米。有一天井。有门楼。

江培香宅

位于黟县西递镇西递村，建于清代。坐北朝南，三开间二层建筑。建筑面积94.8平方米。

江培香宅

位于黟县西递镇西递村，建于清代。坐北朝南，三开间二层建筑。主体通面阔8.6米，通进深8.2米，占地面积70.5平方米。

江其根等宅

位于黄山区谭家桥镇东黄山村竹里组，建于清代。二进五开间。占地面积305.25平方米，高约5.5米。木架结构穿斗式，两厢阁楼，三合土地坪，地沟式天井（两厢有耳井），板壁墙，天棚望砖，卷棚偷柱。天井上檐有斜撑8个。

江琦等宅

位于歙县坑口乡坑口村芳坑自然村，建于清代。坐西北朝东南，一进三开间靠壁天井砖木结构二层建筑。通面阔6.85米，通进深10.05米，占地面积68.84平方米。鼓形柱础有雕刻，散板房间装修疑为后加，隔扇石基仍存。门楼仅水磨砖，未加雕刻。

江庆林宅

位于黟县西递镇西递村，建于清嘉庆年间。坐西朝东，前后三开间二层建筑。建筑面积384.4平方米，占地面积306.4平方米。为族长屋，与迪吉堂相通，整幢建筑雕刻精细，天花彩绘精美。

江仁庆宅

位于婺源县江湾镇江湾村，建于清末。占地面积270平方米。二进三开间。石库门楼砖雕图案繁复，楼、台、亭、榭雕刻得玲珑剔透。房屋西侧墙体的下半部衬砌13块高大青石板。2005年被列为婺源县重点文物保护单位。

江尚卿等宅

位于歙县富堨镇承狮村丰瑞组，建于清代。坐北朝南，二进三开间。通面阔8.8米，通进深10.9米，占地面积95.9平方米。有楼，木梁上有少数雕花，下堂两侧有厢房。

江胜利等宅

位于歙县许村镇塔山村塔山六组，建于清代。坐东朝西，二进三开间楼房。通面阔9.7米，通进深13.4米，占地面积130平方米。有天井，无雕刻。

江胜利宅

位于歙县徽城镇南源口村小梅口自然村，建于清代。坐北朝南，二进三开间楼房。通面阔9.7米，通进深21.35米，占地面积207.1平方米。有一天井，雕花门窗。

江氏老宅

位于歙县王村镇王村烟西自然村20号北边，建于明代。三进三开间砖木结构二层建筑。通面阔10.1米，通进深9.9米，占地面积99.99平方米。一、二进倒塌，现只剩三进。门楼砖雕已毁，有虎头滴水瓦，瓦片上有『福』『禄』二字。

江世寅宅

位于黟县碧阳镇钟山村石屏组，建于清末。坐西南朝东北，二进三开间砖木结构二层建筑。开间10米，进深16.4米，占地面积164平方米。木构架保存较好。

江寿延、吴桂平宅

位于黟县宏村镇龙江村江村二组，建于清代。坐北朝南，三开间前堂后厅式二层建筑。开间8.45米，进深11.8米，占地面积99.7平方米。正面大门为入口，左厢侧耳门通厨房、偏厅，照壁后上楼。

江淑仙宅

位于歙县徽城镇南源口村王村茂自然村，建于清代。坐东朝西，砖木结构二层建筑。通面阔10.2米，通进深8.8米，占地面积89.8平方米。

江水利等宅

位于歙县坑口乡瀹源村瀹坑自然村，建于清代。坐北朝南，二进三开间。通面阔14.6米，通进深24米，占地面积350.4平方米。上下对堂，四合式。主宅天井用石板，上下堂斜方砖铺地。厢屋二天井，六开间，砖木雕刻较好。

江水源等宅

位于歙县坑口乡坑口村，建于清代。坐西北朝东南，一进三开间『品』字形砖木结构二层建筑。通面阔11.55米，通进深6.3米，占地面积72.76平方米。靠壁天井，左厢大门外有厨房一间。马头墙。

江顺星宅

位于歙县森村乡皋径村，建于清末。坐北朝南，一进三开间。通面阔9.9米，通进深16.5米，占地面积163.4平方米。内中为天井，左右两厢用雕花屏门间隔，门庭有精美砖雕，内有梁撑木雕，整体装饰较为华美。

江思海等宅

位于歙县许村镇塔山村，建于清代。坐北朝南，二进三开间楼房。通面阔10.1米，通进深13.85米，占地面积139.9平方米。有天井，前厅梁撑狮子雕饰完整，窗栏格子木雕完整，两边厢房霉烂，右边厢房已开天窗，左边厢房大梁霉烂。

江思拾宅

位于歙县徽城镇大梅口村，建于清代。坐东朝西，通面阔8.54米，通进深7.4米，占地面积63平方米。砖木结构。大门有门楼，门楼有砖雕，部分砖雕被破坏。

江松槐等宅

位于黟县宏村镇龙江村江村一组，建于清代。坐北朝南，主楼三开间前堂后厅二厢中天井二层建筑。开间9.6米，进深10.85米，占地面积104.2平方米。正面大门为入口，照壁后上楼。三合土地坪，木构架、装修等整体较完整。

江太望等宅

位于黄山区谭家桥镇东黄山村竹里组，建于清代。二进五开间，占地面积241.5平方米，高约5.5米。马头墙，『八』字门，前有马房，跑马楼式，木架结构穿斗式，三合土地坪，地沟式天井，板壁墙，天棚望板。

江悌辉等宅

位于歙县徽城镇紫阳村，建于清代。坐西朝东，一进三开间砖木结构二层建筑。通面阔7.6米，通进深5.4米，占地面积41.04平方米。

江田玉宅

位于黟县宏村镇龙江村蓬厦组，建于清代。坐东北朝西南，三开间带二厢有天井二层建筑。开间8.51米，进深9.15米，占地面积78平方米。右厢耳门通外，照壁后上楼。

江为红等宅

位于黄山区谭家桥镇东黄山村竹里组，建于清末。二进三开间二天井（后天井位于后墙处），跑马楼式建筑。占地面积118.72平方米，高约5.5米。木架结构穿斗式，水门汀地面，板壁墙。

江文炘宅

位于歙县徽城镇渔梁街58号，建于清末。坐南朝北。通面阔3.3米，通进深11.5米，占地面积38平方米。木质土墙双层结构，玻璃格子门窗，圆柱方墩。

江锡宽等宅

位于黄山区永丰乡永丰村上升组村口，建于清代。占地面积380.7平方米，高约5.8米。二进五开间，右侧一倚屋，为一进格局。斜方格纹水门汀地面，平铺式天井，板壁墙，门向南。

江小黑宅

位于歙县徽城镇紫阳村，建于清代。坐东朝西，一进三开间砖木结构二层建筑。通面阔9.55米，通进深8米，占地面积76.4平方米。门上有木雕。

江小九宅

位于黄山区谭家桥镇中墩村小河口组，建于清代。二进三开间，现存前进。高约5米，占地面积约76.96平方米。木架结构穿斗式，水门汀地面，地沟式天井，板壁墙。

江小娟宅

位于歙县许村镇塔山村七组，建于清代。坐北朝南，二进三开间楼房。通面阔9.8米，通进深12.8米，占地面积125.4平方米。两边厢房大梁霉烂。

江小泉宅

位于歙县富堨镇承狮村丰溪组，建于清代。坐西朝东，二进三开间楼房。通面阔7米，通进深12米，占地面积84平方米。下堂有厢房，大门有简易门楼。

江小溪宅

位于歙县小川乡灵山村，建于清代。坐北朝南，一进三开间二层建筑。通面阔8.8米，通进深7.2米，占地面积63平方米。有暗天井，后有楼梯，厢房有少量木雕。

江孝礼宅

位于歙县徽城镇南源口村小梅口自然村，建于清代。坐北朝南，一进三开间砖木结构二层建筑。通面阔13.4米，通进深7米，占地面积93.8平方米。有小冬瓜梁。

江新菊宅

位于黟县碧阳镇星火村太山组，建于清代。坐西朝东，三开间带二厢有天井砖木结构二层建筑。开间9.05米，进深9.25米，占地面积87.3平方米。木构架承重。木构架、装修较完整，构配件、隔扇等较完整，天棚彩绘保存较好。

江新涛宅

位于黟县西递镇西递村，建于清代。坐南朝北，三开间二层建筑。主体通面阔7.85米，通进深6.6米，占地面积76.9平方米，建筑面积51.8平方米。

江兴海、江兴乐宅

位于黟县碧阳镇钟山村石屏组，建于清代。坐西南朝东北，三开间带二厢有天井砖木结构二层建筑。开间10.15米，进深8.95米，占地面积90.8平方米。隔扇、横风窗、配构件及门楼较好。

江兴海宅

位于黟县碧阳镇钟山村石屏组，建于清末。坐西南朝东北，三开间带二厢有天井砖木结构二层建筑。开间10.2米，进深8.75米，占地面积89.3平方米。花岗岩石板天井，木构架及木构配件、隔扇、飞罩及门楼雕刻较好。

江秀花等宅

位于歙县坑口乡坑口村芳坑自然村，建于清代。坐南朝北，一进三开间砖木结构二层建筑。通面阔5.48米，通进深8.17米，占地面积44.8平方米。内有小天井，楼下未装修。门楼砖雕精美，无木雕。

江耀辉宅

位于黟县西递镇西递村，建于清光绪年间。坐北朝南，三开间二层建筑。主体通面阔10.2米，通进深7米，建筑面积113.4平方米。

江一帆、江峰毅宅

位于黟县宏村镇汤蜀村茂林组，建于清代。坐东北朝西南，三开间带二厢有天井二层建筑。开间9.72米，进深7.77米，占地面积75.5平方米。大门朝前，右厢侧耳门通偏厅，左厢侧耳门通外路。三合土斜方格地面，有门楼。

江应水等宅

位于黄山区谭家桥镇中墩村桐干组，建于晚清。二进五开间。高约5.5米，占地面积214.13平方米。木架结构穿斗式，水门汀地面，地沟式天井，板壁墙，天棚望板，中柱直接到顶。

江永正宅

位于歙县徽城镇渔梁街179号，建于清末。坐北朝南，砖木结构二层建筑。通面阔11.74米，通进深9.66米，占地面积113.4平方米。横梁圆柱支撑，屋内有天井，部分墙体被重修。

江煜辉等宅

位于黟县碧阳镇钟山村石屏组，建于清代。坐西南朝东北，二进三开间带二厢砖木结构二层建筑。开间9.8米，进深16.5米，占地面积161.7平方米。隔扇、横风、配件、飞罩、楼行栏杆及门楼制作较好。

江元庆宅

位于黟县宏村镇汤蜀村蜀里组，建于清代。坐北朝南，三开间带二厢有天井二层建筑。开间10.65米，进深6.55米，占地面积69.8平方米。左厢侧耳门为入口，照壁后上楼。三合土斜方格地面。

江灶林宅

位于黟县宏村镇龙江村江村一组，建于清末。坐北朝南，三开间二层建筑。开间8.9米，进深7.75米，占地面积69平方米。正面大门，照壁后上楼。三合土地坪。木构架、装修及构配件整体保存完整，制作较好。

江泽林宅

位于黟县碧阳镇钟山村石屏组，建于清代。坐西南朝东北，三开间带二厢上下厅中天井二层建筑。开间9.9米，进深12.2米，占地面积120.8平方米。隔扇、构配件及门楼制作较好。

江珍珠宅

位于歙县徽城镇鲍川村鲍家庄自然村，建于清代。坐南朝北，砖木结构二层建筑。通面阔8.08米，通进深12米，占地面积96.96平方米。

江振昆宅

位于休宁县海阳镇玉宁社区龙池巷12号，建于清代。占地面积106.64平方米。坐南朝北，一脊二堂三开间布局。立柱、大梁、柱础皆方形，结构简单，前进一侧裙板雕梅、兰、竹及花卉，另一侧裙板雕荷花、菊花等四季花卉。北侧筑门亭，额枋、斜撑均雕刻花卉。

江振中等宅

位于歙县徽城镇南源口村，建于清代。坐北朝南，三进三开间。通面阔9.45米，通进深19.4米，占地面积183.3平方米。三个天井，大门上有砖雕，有格子窗。

江植华宅

位于歙县徽城镇南屏村忠堡自然村，建于清代。坐北朝南，二进三开间。通面阔7.8米，通进深13.3米，占地面积104平方米。两个天井，前进窄，后进宽。

江志仁宅

位于黟县宏村镇龙江村上轴组，建于清代。坐北朝南偏西，三开间前后厅二层建筑。开间10.4米，进深17.95米，占地面积186.7平方米。正面大门，前左侧门通厨房，后右侧门通别屋，后厅照壁后上楼，前进木构为方柱，后进木构为圆柱。

江中林宅

位于歙县小川乡灵山村，建于清代。坐北朝南，二进三开间二层建筑。通面阔8.3米，通进深10.6米，占地面积88平方米。中间有一天井，梁架有木雕，天井右侧有楼梯，厢房有部分木雕花。

江忠来宅

位于歙县郑村镇棠樾村天灯巷内，分为三座三合式住宅，前宅为清代建筑，后两宅为明代中晚期建筑。各宅前后相通，每进三开间二层。北宅现为江忠来宅，坐北朝南，三合式。面阔12.45米，进深8.27米。构架简洁，除斜撑外皆无雕饰。2013年被列为全国重点文物保护单位。

江子文宅

位于歙县徽城镇南源口村，建于清代。坐北朝南，三进三开间楼房。通面阔7.7米，通进深22.4米，占地面积172.5平方米。两个天井，中进有三层。有格子窗、冬瓜梁和木雕。大门门楼有简易砖雕。

江自立、朱莲坤宅

位于黟县宏村镇龙江村江村一组，建于清末。坐北朝南，主楼三开间前堂后厅带二厢二层建筑，后偏厅为二间建筑，主楼正面为大门，左夹室门通厨房，照壁后上楼。开间10.05米，进深17.5米，占地面积148.4平方米。

姜彩珍宅

位于歙县雄村镇庄源村八组，建于清代。坐东朝西，一进三开间。通面阔8.55米，通进深7.1米，占地面积60.7平方米。有门楼，有花板和格子窗，有石础。保护完好。

姜富牛宅

位于绩溪县临溪镇周坑村15号，建于清代晚期。坐北朝南，一进三开间二层建筑。占地面积80平方米。东西厢房，置一天井，三合土地坪。外围封火墙，室内的斜撑、雀替、隔扇雕刻精美。后进为厨房和附属房。

姜观闵宅

位于歙县徽城镇大梅口村，建于清代。坐北朝南，二层建筑。通面阔5米，通进深10.6米，占地面积53平方米。有门楼砖雕。

姜社花宅

位于歙县徽城镇大梅口村，建于清代。坐南朝北，一进三开间楼房。通面阔9.9米，通进深9米，占地面积89平方米。大门有简易门楼。

姜树良宅

位于歙县雄村镇鲍坑村，建于清代。坐南朝北，二进三开间二层建筑。通面阔9.4米，通进深13.4米，占地面积126平方米。一个天井，格子窗。有方形石柱础。

姜婉香宅

位于歙县徽城镇渔梁街92-8号，建于清末。坐北朝南，砖木结构二层建筑。通面阔6米，通进深6米，占地面积36平方米。地面铺砖，大门墙有绘画。

姜香春、方灶和宅

位于黟县宏村镇塔川村里田组，建于清末。坐西北朝东南。开间16.9米，进深9.3米，占地面积157.1平方米。主屋三开间带二厢二层建筑，有天井；偏屋二开间二层，主屋正面大门。右侧厢设楼梯，前廊部设卷棚轩。

姜小女等宅

位于歙县徽城镇大梅口村，建于清代。坐北朝南，一进三开间。通面阔8米，通进深5.8米，占地面积47平方米。麻石门楼，有砖雕。

姜新安宅

位于黄山区仙源镇龙山村中市组，建于清代。二进三开间。占地面积180平方米，高约5米。木架结构穿斗式，斜方格纹水门汀地面，分前后堂、天井明堂平铺式，天棚望板，有卷棚。卷棚上檐有月梁1对（双狮戏球），天井上檐有斜撑8个。

姜兴贵宅

位于歙县雄村镇鲍坑村，建于清末。坐北朝南，二进三开间。通面阔8.67米，通进深13.65米，占地面积118.3平方米。有一天井，有格子窗。有冬瓜梁、简易斜撑。门口有门楼，砖雕用泥糊住。

姜宣发宅

位于黄山区三口镇湘潭村徐星组，建于清代。二进三开间。占地面积147.6平方米，高约5米。前后两天井，后进有阁楼，前有一小院，木架结构穿斗式，斜方格纹水门汀地面，地沟式天井，板壁墙。

姜云生宅

位于歙县徽城镇大梅口村，建于清代。坐东朝西，一进三开间砖木结构二层建筑。通面阔10.6米，通进深8.4米，占地面积89平方米。有天井、冬瓜梁、木雕窗。

姜自华宅

位于歙县徽城镇大梅口村，建于清代。坐北朝南，一进三开间楼房。通面阔9.5米，通进深7米，占地面积67平方米。麻石门楼，有砖雕。格子窗。

蒋炳根宅

位于黄山区汤口镇岗村11组，建于清代。一进三开间跑马楼式，占地面积81.44平方米。高约6.5米。前脸马鞍式，木架结构穿斗式，左偏门，斜方格纹水门汀地面，板壁墙，封檐望板。天井上檐有斜撑3个，梁多为方料。

蒋国平二号宅

位于徽州区杨村乡杨村30号，建于清末。坐西北朝东南，二进三开间砖木结构四合院。建筑面积127.91平方米。前进为廊屋，明间为大门走道，两次间是厢房。后进明间为客厅，两次间为住房，壁后为楼梯。由东向西登楼，全部皮门装修。

蒋国平一号宅

位于徽州区杨村乡山口村桃源自然村，建于清末。坐北朝南，二进三开间。建筑面积176.62平方米。前进是门廊，后进明间为正堂，两厢为住房，楼上一厅两住房，屋面铺望砖，天井口有飞椽，只有一道撩檐枋。

蒋和平宅

位于黟县碧阳镇星火村陈闾组，建于清代。坐南朝北，三开间砖木结构二层建筑。开间7.1米，进深7.15米，占地面积50.8平方米。木构架承重。

蒋吉兆宅

位于黄山区汤口镇岗村3组，建于清代。一进三开间硬山式屋顶。占地面积111.93平方米，高约6.5米。前脸马鞍形，木架结构穿斗式，多用方梁，斜方格纹地面，暗天井，板壁墙，封檐望板。天井上斜撑2个，花格窗均存。

蒋建民宅

位于黟县宏村镇龙江村蓬厦组，建于清末。坐北朝南，三开间厅堂式带二厢有天井单层阁楼建筑。开间7.66米，进深6.47米，占地面积49.6平方米。三合土地坪。房屋小巧玲珑，布局合理，砖、木、石构配件及装修等制作较好，隔扇等木构配件精致。

蒋金木、程平兰宅

位于歙县许村镇许村东升自然村五组，建于清代。坐北朝南，二进三开间楼房。通面阔8.4米，通进深11米，占地面积92.8平方米。有天井，该房原先大门朝东，后从西侧开门。

蒋利民宅

位于黟县宏村镇宏村，建于清代。坐北朝南，占地面积304平方米。房子正屋布局为二进三开间二层建筑，前进为四合型，中间设有天井，正屋前有小院。

蒋卫国宅

位于黄山区汤口镇岗村4组，建于晚清。占地面积46.25平方米，高约6.5米。一进三开间民宅(二屋)。跑马楼式，木架结构穿斗式，三合土地坪。地沟式天井，双耳门，板壁墙，天棚望板，部分方柱方梁，一层高于二层。

蒋勇等宅

位于黄山区甘棠镇甘棠社区（甘棠老街东部），建于清代。占地面积213.29平方米。二进三开间，木架结构穿斗式，水门汀地面，中有天井，天棚望砖。

蒋玉春宅

位于休宁县流口镇流口村流二组44号，建于清代。坐东北朝西南，一进三开间。占地面积83平方米。门罩简单雕饰花草，地面铺青石板，立柱及柱础均方形，雀替雕花草，『卍』字纹，木隔扇窗饰方格，裙板雕花草，大梁方形。

蒋灶富宅

位于黟县宏村镇龙江村蓬厦组，建于清代。坐北朝南，三开间带二厢有天井二层建筑。开间8.77米，进深6.27米，占地面积54.6平方米。入口大门设于正面，左侧侧门通厨房。木构架、装修等保存较完整。

蒋振美宅

位于黟县碧阳镇关麓村，建于清末。坐南朝北，三开间带二厢有天井砖木结构二层建筑。开间9.3米，进深6.15米，占地面积57.2平方米。木构架承重，房屋木构架装修保存较完整，天花彩绘完好。

焦德幼宅

位于黄山区焦村镇龙源村焦中自然村，建于清代中期。占地面积397平方米。门向东，二进五开间，前有宅院，南侧院门楼，西侧倚屋，木架结构穿斗式，斜方格纹水门汀地面，天井西侧青泥花墙砖，两侧耳井，板壁墙，圆柱方梁，天棚望砖。天井上檐有斜撑6个。

焦建华宅

位于黄山区焦村镇龙源村桂林组，建于清代。占地面积195.6平方米。二进三开间，门向东。门前一条小沟，沟前有影壁墙。硬山式屋顶，前脸门罩上饰砖雕，木架结构穿斗式，斜方格纹水门汀地面，地沟式天井，板壁墙，圆形柱础，圆柱方梁，二层跑马楼，天棚望砖，左厢前偏房一间，右厢偏房两间。

焦瑞安宅

位于黟县碧阳镇麻田社区，建于清代。坐西朝东，三开间带二厢有天井砖木结构二层建筑。开间9.15米，进深7.05米，占地面积64.5平方米。有木隔扇、横风、木构配件、楼行栏板及砖门楼等。

阶级头2号宅

位于屯溪区阳湖镇阳湖社区阶级头，建于清代。坐北朝南，三开间上下堂砖木结构二层建筑。占地面积约218平方米。穿斗式构架，硬山式屋顶。天井宽敞明亮，与厅堂之间有落差，部分木构件雕花装饰。

节孝坊

位于婺源县中云镇坑头村，建于明代中期。占地面积180平方米，大门为八字牌楼，水磨青砖门楼，精美砖雕装饰。大门为半圆形拱门，门额正中用青砖刻有『旌表故太学生潘篪妻俞氏节孝』。院内有八角形鱼塘，房屋装饰简洁。2005年被列为婺源县重点文物保护单位。

竭耕堂

位于歙县郑村镇棠樾村，明代建筑模式的民居。二进三开间楼房。通面阔8.6米，通进深13.2米，占地面积111平方米。石脚皆由地方红石铺设。一直为鲍氏后裔所有。

解放街居委会宅

位于歙县徽城镇解放街，建于清末。坐北朝南。通面阔9.94米，通进深7.4米，占地面积73.6平方米。屋有门窗，有雕刻。横梁斜撑均有雕刻。整栋房子用圆形柱支撑。红漆梁柱，格子门。

金爱春宅

位于黟县宏村镇宏村，建于清代。坐北朝南，前后五开间二层建筑。主体通面阔14.6米，通进深17.2米，占地面积251平方米，建筑面积475平方米。

金安堂宅

位于歙县雄村镇夏坑村，建于清代。坐东朝西，一进三开间二层建筑。通面阔7.3米，通进深6.7米，占地面积48.91平方米。大门口有门楼，门楼上有砖雕，雕有花草、房子。有方形石柱础。

金长年宅

位于休宁县齐云山镇北山村七桥组入口邻小河处，建于清代。占地面积140.88平方米。坐西北朝东南，共二进。第一进三开间，雀替雕如意；第二进呈四合式布局，雀替雕花卉、如意，斜撑整体为如意造型，大梁方形，柱础亦方形。

金川村众宅

位于歙县金川乡金川村，建于清代后期。坐西朝东，二进一明堂二层建筑。占地面积137.9平方米。屋梁粗壮完整，石柱两根，有门楼。

金观果宅

位于歙县三阳镇金石村，建于清末。坐西北朝东南，二进三开间楼房。通面阔9.1米，通进深12米，占地面积109.2平方米。有砖雕门楼，木雕花窗。

金观金、梁文庭宅

位于屯溪区新潭镇长林村竹林铺自然村，建于清代。占地面积126平方米。坐南朝北，三开间上下对堂小四合院砖木结构二层建筑。南、西两面均设大门罩，西边大门不开。大门在下堂明间有两道门，两次间辟为住房，天井较宽敞，红紫石铺砌很平整，东庑设楼梯由北向南登楼，照壁后有门通后边一小厨房。

金观松宅

位于休宁县海阳镇杨村近S103公路处，建于清末。坐北朝南，二进二层建筑。通进深10.5米，通面阔16.5米，占地面积173.25平方米。房子结构较简单，少有装饰，仅雀替处雕刻花卉图案。

金贵生宅

位于黟县宏村镇龙江村秀里组，建于清末。坐东北朝西南，三开间带二厢有天井二层建筑。开间9.64米，进深7.71米，占地面积74.3平方米。右厢耳门通厨房，三合土地坪。

金和炎宅

位于黟县碧阳镇碧山村碧东组，建于清代。坐北朝南，三开间带二厢有天井二层建筑。开间10.65米，进深8.6米，占地面积91.6平方米。隔扇门窗、横风窗、飞罩等保存较好，制作工艺较高，精美别致。

金荷生宅

位于休宁县海阳镇溪头村麦岐自然村，建于清代。占地面积74.8平方米。坐东北朝西南，大门开在边上。一进三开间二层建筑。隔扇窗、裙板雕刻『福禄寿』人物及花草图案。地面铺条形石板。梁为方形。

金焕林宅

位于黟县碧阳镇钟山村，建于清代。坐北朝南，三开间带二厢上下厅中天井砖木结构二层建筑。开间10.35米，进深15.9米，占地面积164.6平方米。隔扇门窗、横风窗、门楼制作较好。

金纪祥等宅

位于黟县碧阳镇钟山村，建于清代。坐北朝南，三开间带二厢上下厅中天井砖木结构二层建筑。开间10.35米，进深15.05米，占地面积155.8平方米。彩绘天棚，隔扇、横风窗、构配件及门楼制作较好。

金家大院

位于徽州区岩寺镇荫山路22号，建于清末。坐北朝南，占地面积约3000平方米，建筑面积近2000平方米。北靠丰乐河，南近岩寺老街。由砖木结构楼房、平房组成一个建筑群体，包括围墙、回廊（美人靠）、庭院及前后花园。1938年叶挺住在金家大院居中楼房（即金霭时宅），两边的金霁时、金雨时宅分别为项英住处和政治部驻地。新四军军部旧址之一。2013年作为岩寺新四军军部旧址的组成部分被列为全国重点文物保护单位。

金家宅

位于歙县上丰乡上丰村后街，建于清代。坐西朝东，二进三开间楼房。通面阔8.5米，通进深11.85米，占地面积100.7平方米。上下堂有厢房，天井两侧有廊，木雕窗门。砖雕门楼，门楣有鳌鱼翘角和龙头、蝙蝠等砖雕，形象逼真。

金进发、程来福宅

位于黟县宏村镇汤蜀村查村组，建于清末。坐北朝南，二进三开间带二厢有天井二层建筑。开间9.05米，进深13.75米，占地面积124平方米。前左厢耳门通外路，后左厢耳门通外路，后右厢上楼。

金景生宅

位于黟县碧阳镇南屏村，建于清代。堂号为『怀德堂』。坐西朝东，开间9.6米，进深8.6米，占地面积82.6平方米，三开间带二厢有天井砖木结构二层建筑。木构配件雕刻及隔扇、横风和楼行栏杆制作较好。

金利煌等宅

位于黟县碧阳镇钟山村，建于清末。坐北朝南，开间11.2米，进深15米，占地面积168平方米。二进三开间砖木结构二层建筑。木构架及木装修制作较好。

金利仿宅

位于徽州区西溪南镇竦塘村伦塘头自然村二组，建于清代。坐北朝南，建筑面积76.59平方米。一进三开间带二厢二层建筑，上堂三间，明间厅，长条砖『丁』字铺砌，两次间房柱头有夔龙斜撑。楼上三间分割，每间开窗装格子门，屋面无望。

金利龙、余瑞荣宅

位于黟县碧阳镇钟山村，建于清代。坐北朝南，开间9.75米，进深14.05米，占地面积137平方米，三开间带二厢上下厅中天井砖木结构二层建筑。

金利强等宅

位于黟县碧阳镇钟山村，建于清末。坐北朝南，开间9.95米，进深15.8米，占地面积157.2平方米，三开间上下厅中天井砖木结构二层建筑。木构架及装修制作较好。

金莲子宅

位于歙县雄村镇夏坑村，建于清代。坐北朝南，一进三开间。通面阔7.55米，通进深9.55米，占地面积72.1平方米。三层楼房。有梁柁、格子窗、格子花板、雕花板、方石础，有天井。

金美凡宅

位于黟县碧阳镇南屏村，建于清初。坐东朝西，开间9.5米，进深7.25米，占地面积68.9平方米，三开间带二厢有天井砖木结构二层建筑，木构架承重。

金培松宅

位于黟县宏村镇朱村，建于清末。坐西北朝东南，开间9.65米，进深7.8米，占地面积75.3平方米，三开间带二厢有天井二层建筑，大门朝前，左厢侧耳门通厨房，照壁后上楼。三合土斜方格地面。

金培玉等宅

位于黟县碧阳镇钟山村，建于清代。坐北朝南，开间10.5米，进深12.6米，占地面积132.3平方米，三开间带二厢上下厅中天井砖木结构二层建筑，隔扇门窗、横风窗、木构配件及大门楼制作较好。

金仁宅

位于休宁县海阳镇玉宁社区文昌坊11-1号，建于清代。占地面积96.57平方米。坐北朝南，四合式，东墙开门。天井处铺红砂石板，柱础方形，雀替雕草龙，斜撑饰绣球，额枋饰宝瓶，挂落斜方格，地袱石装饰花卉、『卍』字，木隔扇窗雕花卉，偏厅凿古井1口，红砂石井圈，口径0.5米，高0.5米。

金瑞明宅

位于歙县徽城镇紫阳村，建于清代。坐南朝北，二进三开间二层建筑。通面阔 11.95 米，通进深 10.65 米，占地面积 127.3 平方米。有天井，有格子窗和木雕。

金世祥宅

位于祁门县闪里镇红紫村二组。坐北朝南，二进三开间徽派砖木二层前后厅式。通面阔 9.8 米，通进深 11.8 米，占地面积 116 平方米。砖雕门罩（已失），前设天井采光通风（已改建），大门两侧石雕精致，青石、木地板铺设地面。

金世箴宅

位于徽州区潜口镇潜口村，建于清代。坐东朝西，建筑面积147.18平方米。三开间一脊翻两堂前后天井二层建筑，前堂三间，明间厅，两次间房，明间设两道月梁，很细，有丁字拱。楼上走马楼，小方砖斜铺地。后进三间起楼。

金寿弟宅

位于黟县宏村镇雉山村金村组，建于清代。坐东朝西，开间9米，进深8.05米，占地面积72.4平方米，三开间二层建筑，照壁后上楼，左厢侧耳门通厨房，右厢侧耳门通外。

金舜卿宅

位于休宁县万安镇古城岩明清建筑群内，建于清代。占地面积89平方米。一进五开间，门罩装饰喜鹊、仙鹤、鲤鱼、夔龙、荷叶等。山墙梁架为穿斗式，其余为抬梁式。椽为少见的银锭椽，顶部为『露明造』，楼上比楼下略高，在楼层檐柱间置有座椅，窗隔扇安在栏杆上，有飞来椅，下衬素净裙板，外雕有花卉、几何图案及6个卷草云纹。2004年作为休宁县万安镇古城岩明清建筑群的一部分被列为安徽省重点文物保护单位。

金松涛、金培忠宅

位于黟县碧阳镇钟山村，建于清代。坐北朝南，开间11.05米，进深14.4米，占地面积159.1平方米，三开间带二厢上下厅中天井砖木结构二层建筑。有隔扇门窗、横风窗、木构配件及门楼等。

金喜宝宅

位于歙县徽城镇紫阳村，建于清代。坐南朝北，三进三开间砖木结构二层建筑。通面阔9.65米，通进深15.25米，占地面积147.2平方米。两个天井，有格子窗、木雕。大门砖雕门楼被破坏。

金小六宅

位于徽州区呈坎镇呈坎村前街，建于清代。坐东朝西，建筑面积72.49平方米。背靠街面，南廊内边门通巷道，门上有砖雕门罩。三开间带二厢带天井二层建筑。地面方砖铺地，明间为厅，边间为厢房，朝厅内开房门。楼梯架照壁后，临天井向楼层施腰檐，用拱形廊轩，枋上支栌斗、斜撑，隔扇亦有雕刻。2001年作为呈坎村古建筑群的组成部分被列为全国重点文物保护单位。

金小敏宅

位于休宁县陈霞乡小珰村，建于清代。占地面积56.44平方米。坐北朝南，一进三开间。南有门廊，斜撑雕人物、鹿，挂落雕戏曲故事（十八学士）及松、鹤、瑞兽等，正屋地面铺白麻石，柱及柱础均为方形，雀替饰龙纹及人物。

金新祥、金锡祥宅

位于黟县碧阳镇钟山村，建于清末。坐北朝南，开间9.55米，进深11.75米，占地面积112.2平方米，三开间上下厅砖木结构二层建筑。彩绘天棚，门楼上题『大夫第』三字。

金楹熙宅

位于黟县宏村镇汤蜀村查村组，建于清末。坐东北朝西南，开间8.87米，进深6.66米，占地面积59.1平方米。三开间带二厢有天井二层建筑。左厢侧耳门通外路，大门朝前，照壁后上楼。

金永时宅

位于歙县雄村镇雄村，建于清代。坐西朝东，一进三开间二层建筑。通面阔10米，通进深8米，占地面积80平方米。内部结构大部分有损坏，外墙保存较好。大门有门楼。有格子窗。

金永祥、吴绍宏宅

位于黟县渔亭镇楠玛村，建于清末。坐北朝南。开间9.9米，进深12.55米，占地面积124.2平方米，二进（现存前进）三开间上厅下堂有天井二层建筑。正前为大门，内设屏风，照壁后上楼。

金永中宅

位于歙县雄村镇朱村二组，建于清代。二进三开间二层建筑。通面阔8.2米，通进深14.45米，占地面积118.5平方米。有砖雕、格子窗、斜撑、方形石础、花板，有天井。

金勇宅

位于黟县碧阳镇钟山村，建于清末。坐北朝南，开间10.8米，进深8.85米，占地面积95.6平方米，三开间带二厢有天井砖木结构二层建筑。彩绘天棚。

金玉标等宅

位于歙县许村镇许村环泉三组，建于清代。坐西朝东，一进三开间楼房。通面阔8.7米，通进深5.8米，占地面积50.46平方米。结构简单，无天井，左边房间有一花板。

金玉兰宅

位于歙县雄村镇夏坑村，建于清代。坐西朝东，二进三开间。通面阔8.1米，通进深13.1米，占地面积106.11平方米。大门有门楼，有砖雕，前进客厅有雀替，雕有花草、人物。有斜撑，雕有图案。有冬瓜梁，雕有人物、动物，有圆形石柱础。

金云花宅

位于黟县西递镇源川村汪村组，建于晚清。坐北朝南，开间9.13米，进深6.92米，占地面积63.1平方米。三开间带二厢有天井砖木结构二层建筑。左厢设楼梯上楼，右厢侧门通厨房。

金则友宅

位于黟县西递镇西递村，建于清同治年间。坐西南朝东北，主体通面阔10米，通进深12.75米，建筑面积169.5平方米。三开间二层建筑。

金兆玉宅

位于休宁县海阳镇汪溪村，建于明代。占地面积102.82平方米。坐北朝南，二进五开间二层建筑。通面阔10.6米，通进深9.7米。楼上比底层略高，楼上前部有轩顶，靠天井处有美人靠，楼上挡板外部及雀替处遍雕花卉及几何图案。1985年被列为休宁县重点文物保护单位。

进士第

位于歙县森村乡皋经村，建于清光绪年间。由现户主江国荣曾祖父江昌燕所建。坐北朝南，内有三进。通面阔9.7米，通进深15.7米，占地面积152.3平方米。江昌燕为进士，殿试二甲，曾任知县，为官清廉。中为天井，内为住房。门前有『进士第』字牌。建筑精美，简洁明了。前有坦，后有花园。

进士第

位于婺源县江湾镇上晓起村，清道光六年(1826)进士、江苏金匮县知县、光禄大夫江之纪的府第。咸丰年间遭太平军烧毁后，光绪年间由江之纪孙江人镜复建。占地面积878平方米。三进二天井，每进三间两厢，入口设照壁，第一进庭院内面对大门的是两层高的客馆兼书房，有独立的楼梯上下。立面木雕装饰华丽，入内的砖雕门头上有『进士第』字样的门匾。院内有砖、木雕，做工精细，保存完好。2005年被列为上饶市重点文物保护单位。

京兆第

位于歙县北岸镇瞻淇村，又名『立仁堂』，建于明代中叶。因房主先祖在明末曾任『京兆尹』，故门楼上书『京兆第』三字。坐北朝南，二进三开间。通面阔9.6米，通进深11.5米。门楼四柱三间五楼，雕刻仿木构锦纹彩绘图案。2006年被列为歙县重点文物保护单位。

敬德堂

位于歙县昌溪乡昌溪村周邦头自然村下巷周氏宗祠左，建于清道光年间。坐西南朝东北，一进五开间。通面阔7.15米，通进深12.2米，占地面积87.23平方米。正门为双罩门，门罩砖雕松树、亭阁，外罩门上木雕为琴棋书画。正厅之上梁柁有精美木雕，厅内悬『敬德堂』匾额。

敬修堂

位于黟县宏村镇宏村，建于清乾隆年间。坐北朝南，主体部分通面阔12.5米，通进深19.1米，占地面积285.75平方米，建筑面积455平方米。右侧有偏厅和厨房，前厅南向为小花园，园中有200余年树龄的牡丹两株，整个建筑额枋、雀替、链环门上均有各式木雕图案，保存较好。2001年被列为全国重点文物保护单位。

敬序堂

位于婺源县思口镇思溪村，建于清雍正年间。占地面积660平方米。为茶商俞文杰商宅，由庭院、正厅、厅堂、花厅、花园等组成。前院西通花园、东进花厅，屋内有宽敞的厅院、后堂，楼上走马回廊，还有闺楼和客馆，均雕刻精美，清新淡雅。2005年被列为上饶市重点文物保护单位。

敬义堂

位于歙县昌溪乡昌溪村小柏园地段，建于清代。二进三开间。通面阔8.4米，通进深16.7米，占地面积140平方米。现存窗栏、梁柁等雕刻较精致。

静修堂

位于歙县郑村镇棠樾村，清嘉庆年间鲍漱芳建。坐北朝南，三开间四合式二层建筑。通面阔10.23米，通进深17.35米，占地面积177.5平方米。大门朝东，有砖雕门罩，门墩上雕八卦图案。门前有一青石板铺就的小院，院南有高台阶通后街，院北有一南北向高深大巷，巷北通前街。巷两边原有房14间、天井7个。静修堂正堂高敞，前檐作卷棚轩，梁枋断面呈方形，梁撑、平盘斗纹饰雕刻古朴典雅，用材考究，是棠樾保存完好的两座白果厅之一。2013年被列为全国重点文物保护单位。

静远堂

位于歙县坑口乡金龙潭村汪龙坑组，建于清代。坐北朝南，一进三开间砖木结构二层建筑。通面阔9米，通进深6米，占地面积45平方米。穿斗式构架。大门有门楼，门楼有简易砖雕。内部梁架简单，无雕刻。

九间楼

位于歙县王村镇新安村烟村自然村，建于明代。一进带回廊砖木结构二层建筑。通面阔14.42米，通进深20.3米，占地面积168平方米。

九世同堂宅

位于歙县北岸镇瞻淇村，建于清代。坐西朝东，由4个三合院组成『田』字布局。通面阔27.4米，通进深21.6米，占地面积591.87平方米。大门青砖门罩雕『九世同堂』字样，细腻生动。2006年被列为歙县重点文物保护单位。

九思堂

位于徽州区呈坎镇汪村中街，建于清代。坐东朝西，建筑面积194平方米。二进三开间二层建筑，进门为厅，两次间为房。后进三间，明间为厅，两次间为房。楼上前后厅走马楼式，三间分割，屋面有望砖。

九思庭

位于黟县碧阳镇关麓村，属『八大家』老三，始建于清咸丰年间。坐西南朝东北，开间15.9米，进深9.85米，占地面积148.5平方米，三开间带偏厅砖木结构二层建筑。木构架承重，内构配件、隔扇门窗制作精致，门楼雕刻精美，属徽雕之精品。

居安堂

位于黟县西递镇西递村前边溪街中，建于清道光年间。坐南朝北，通面阔11.93米，通进深28.22米，整体呈长方形，占地面积336平方米，建筑面积625平方米，三进三开间。前进为前廊及门厅，中进为三间主体结构，后进三间附带左右楼廊，均为两楼结构，后进二楼稍高于中进二楼，大门开于左楼后檐东围护墙上，为砖雕门楼，镶铁皮双开实拼板大门，堂内柱础为凸卷草花纹圆形。2001年被列为全国重点文物保护单位。

居乐堂

位于歙县昌溪乡昌溪村周邦头自然村周氏宗祠右侧，建于明代。坐西南朝东北，一进三开间。通面阔11米，通进深9.3米，占地面积102.3平方米。正厅内有斗拱，梁柁已被盗，两侧厢房木雕简洁明快，正厅用料硕大。

居然旧宅

位于歙县北岸镇瞻淇村，建于清代。坐北朝南，二进三开间。通面阔10.75米，通进深17.65米，占地面积189.7平方米。门楼有砖雕，全宅木雕非常精美。2006年被列为歙县重点文物保护单位。

居善堂

位于黟县宏村镇宏村上水圳06号，建于清末。坐东北朝西南，三开间二层建筑。主体通面阔9.5米，通进深10米，占地面积199平方米，建筑面积282平方米。院落完整，挂落、雀替保存完好，门楼完整。2001年被列为全国重点文物保护单位。

琚夏松宅

位于徽州区岩寺镇永兴居委会，建于清代。坐南朝北，建筑面积96平方米。三开间显厅二层建筑，大厅三间通间，大方砖斜铺地。楼照壁后有小厅、小天井及两厢。楼上三间分割，正中双开格子门，楼板上小方砖错位铺砌，屋面有望砖。

聚宝斋

位于休宁县海阳镇状元博物馆内鱼池北侧，建于清代。坐北朝南，呈四合式布局。门罩砖雕人物、戏曲故事、花草及『福、禄、寿、喜』字样，大门两侧立青石雕琢的石狮两尊。内部柱础方形，雀替雕龙、花草；斜撑雕花草、如意等，额枋饰宝瓶，木隔扇窗饰竖方格，偏厅木构架为穿斗式，柱础方形。2012年被列为休宁县重点文物保护单位。

聚善堂

位于歙县霞坑镇洪琴村151号，建于清代。坐西朝东，二进三开间。通面阔8.2米，通进深10.3米，占地面积84平方米。下堂有西厢房，有简易砖雕，内部斜撑等构件有雕刻。

俊德堂

位于歙县霞坑镇里方村073号，建于清代。坐南朝北，二进三开间，前有小院。通面阔9.9米，通进深20.6米，占地面积204平方米。大门有门罩，无装饰。里面梁架简朴，少有装饰。

俊德堂

位于歙县霞坑镇洪琴村，建于清代。坐西北朝东南，二进三开间。通面阔10.9米，通进深14米，占地面积153平方米。上下堂两侧都有厨房，中间天井。大门有门楼，门楼有砖雕。堂屋的格子门齐全，松柏木雕栩栩如生，砖雕精细。两楼梯通往楼上。

柯广槐等宅

位于歙县三阳镇高升村郑家溪组，建于清末。坐北朝南，一进三开间二层建筑。通面阔4.4米，通进深7.85米，占地面积35.54平方米。

柯广来等宅

位于歙县三阳镇高升村郑家溪组，建于清末。一进三开间二层建筑。通面阔4.4米，通进深7.85米，占地面积34.54平方米。

柯广深等宅

位于歙县三阳镇高升村郑家溪组，建于清末。坐南朝北，二进三开间一明堂。通面阔8.8米，通进深11.55米，占地面积101.64平方米。有少许木雕梁柁。

柯惠花等宅

位于歙县三阳镇叶村，建于清代。二进三开间一明堂二层建筑。通面阔8.6米，通进深13.6米，占地面积116.96平方米。有小院，砖雕门楼。

柯庆施故居

位于歙县杞梓里镇竹溪村，建于清康熙年间。坐北朝南，二进三开间二层建筑。通面阔10.9米，通进深10米。砖、木、石结构，中有天井，明间为堂，左右为房，正屋堂壁后置楼梯，满堂油漆。为柯庆施出生地。

柯氏老宅

位于黟县柯村镇柯村，因老宅院落内有株近百年的桂花树，又称『金桂别院』，建于清光绪末年。坐南朝北，主屋平面为『回』字形，依次为下堂、天井、东西廊、上堂。2016年被列为黟县重点文物保护单位。

柯小兰宅

位于歙县溪头镇晔岔村，建于清末。坐南朝北，一进三开间楼房。通面阔9米，通进深7.3米，占地面积65.7平方米。有门楼。

柯玉华等宅

位于黟县柯村乡柯村，建于清代。坐北朝南。开间9.75米，进深10.85米，占地面积105.8平方米，三开间上厅下堂带二厢有天井二层建筑。正前面大门，照壁后上楼。上厅前檐设鹅颈轩，月梁有雕刻。

柯泽民宅

位于歙县溪头镇溪头村，建于清代。坐西朝东，二进三开间。通面阔7.85米，通进深12.1米，占地面积95.2平方米。大梁圆形，栏栅，有雕花板，天井在屋中间。大门有简易砖雕门楼。

旷古斋

位于黟县西递镇西递村，建于清代中期。坐北朝南，占地面积147平方米。三开间二层建筑，门楼砖雕图案精美，主体建筑南侧为书房。

兰芬堂

位于歙县北岸镇瞻淇村老虎巷口，建于清代中叶。坐东南朝西北，三合式二层建筑。通面阔10.3米，通进深16.8米，占地面积173.04平方米。大门开于东廊，砖雕门罩简洁，额书『一善』二字。2006年被列为歙县重点文物保护单位。

兰天石宅

位于徽州区西溪南镇西溪南村胜利组，建于清代。建筑面积495.88平方米。一组并排的两幢民居。东边一栋二进三开间二层建筑，坐西南朝东北，后进三间对堂。西边一栋二进三开间一脊翻两堂，脊前为小四合院，下廊三间分割。

兰泽堂

位于歙县昌溪乡昌溪村红旗庙自然村290号，建于清嘉庆年间，民国初重修。通面阔8.45米，通进深9.75米。东面附属老屋有过道相通，三进二开间，有木雕狮子斜撑。该屋院内设有瞭望楼一座，清咸丰年间为防止太平军烧抢作哨卡使用。

劳动里民宅

位于屯溪区柏树街劳动里15号、17号、19号、20号，建于清代。占地面积约847平方米。15号、17号、19号宅坐北朝南，三进连体建筑，三开间砖木结构二层建筑穿斗式构架，硬山式屋顶。20号宅坐北朝西南，一进五开间砖木结构二层建筑，抬梁穿斗并用式构架，硬山式屋顶。明间为厅，次间为厢房，厢房有小格子窗装饰。15号后堂东边、17号东边、19号西边、20号天井西侧分别设置楼梯通向二层。

老方厅

位于歙县许村镇许村东升组，建于清代。坐北朝南，三进三开间楼房。通面阔9.3米，通进深27.65米。中进为大厅，窗栏完整，雀替完好。2017年被列为黄山市重点文物保护单位。

老街海底巷5号宅

位于屯溪区屯溪老街海底巷，建于清代。占地面积182平方米。坐南朝北，二进三开间砖木结构二层建筑，抬梁穿斗并用式构架，硬山式屋顶，前进置轩，斜撑、驼峰等木构件雕花装饰。

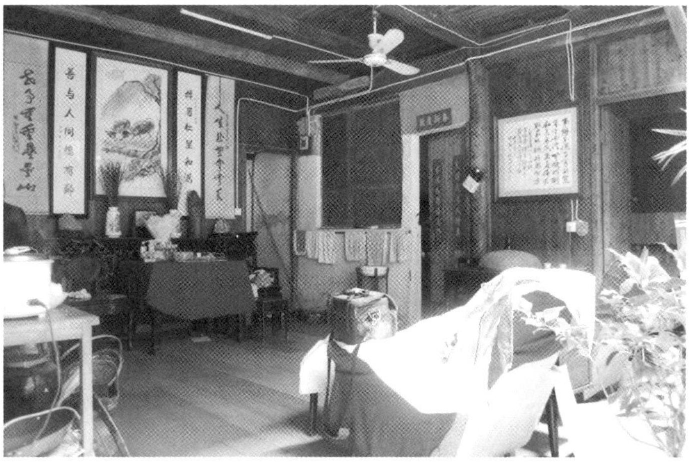

老街鱼池巷12号宅

位于屯溪区屯溪老街鱼池巷，建于清代。占地面积107平方米。坐南朝北，一进三开间砖木结构二层建筑。穿斗式构架，硬山式屋顶。大门位于房屋东北角，门前有一鱼池，进门天井西侧有厢房一间，天井南侧明间为厅，两次间为住房。

老街鱼池巷13号宅

位于屯溪区屯溪老街鱼池巷，建于清代。占地面积144平方米。坐南朝北，二进二开间砖木结构二层建筑。穿斗式构架，硬山式屋顶，前后两进均明间为厅，次间为厢房，厅堂地铺木板，与天井有落差。

老屋阁及绿绕亭

位于徽州区西溪南镇西溪南村，又称『老屋角』，建于明代中期。坐东北朝西南，通面阔17.7米，通进深19.4米，占地面积343平方米。二进五开间『口』字形四合式。大门上建门罩。前进楼下明间为门厅，后进楼下明间为客厅。绿绕亭在老屋阁旁，始建于元天顺元年（1328），明景泰七年（1456）重建，平面近正方形，通面阔4米，通进深4.36米，高5.9米。绿绕亭的结构与雕饰风格类似老屋阁，唯月梁上绘有典雅工丽的包袱锦彩绘图案。1996年被列为全国重点文物保护单位。

乐道堂

位于休宁县溪口镇花桥村，建于清代。占地面积72.5平方米。坐西北朝东南，一进三开间。地面铺当地青石板，立柱方形，柱础方形，大梁雕刻花草、云纹，雀替、斜撑雕刻花草图案，楼梯处镂空雕卷草纹及变形『寿』字，木隔扇窗饰花卉。大堂挂『乐道堂』木匾。

乐善堂

原位于徽州区潜口镇潜口村中，现存于潜口民宅明园内，建于明代中叶。二进三开间砖木结构厅堂。厅内采用彻明造，抬梁式木构架，用材宏大，梭柱、月梁断面大，柱础覆盆形，檐柱与金柱之间架月梁，梁上设驼峰，上置罗栌斗，瓜柱承单步梁，梁外端雕饰云纹，大方砖铺地。1988年作为潜口民宅的组成部分被列为全国重点文物保护单位。

乐贤堂

位于黟县宏村镇宏村，建于清顺治年间。坐北朝南，占地面积411平方米。前后序列五单元，第一单元系一抱厅；第五单元系一庭院；其余三单元以长方形天井为合院，前后序列，西侧为长廊式厨房，厅间高墙有透窗，以利于光线辐射，且不显呆板，厅堂高敞宽广，粗梁伟柱，整体气势宏伟。2001年被列为全国重点文物保护单位。

雷日泉宅

位于黟县宏村镇龙江村秀里组，建于清代。坐北朝南，开间8.96米，进深8.46米，占地面积75.8平方米，三开间带二厢前后厅有天井二层建筑。右厢侧耳门通厨房，厨房右侧门外为道路。三合土地坪，房屋木构基本保存完好。

黎阳街2号宅

位于屯溪区黎阳镇黎阳街，建于清代。占地面积约230平方米。坐北朝南，二进三开间砖木结构二层建筑。穿斗式构架，硬山式屋顶。

黎阳街6号宅

位于屯溪区黎阳镇黎阳街，建于清代。占地面积约150平方米。坐南朝北，一进三开间砖木结构二层建筑。穿斗式构架，硬山式屋顶。明间为厅，次间为厢房。

黎阳街11号宅

位于屯溪区黎阳镇黎阳街，建于清代。占地面积126平方米。坐北朝南，二进三开间砖木结构二层建筑，前有庭院，后为天井，前进为穿斗式构架，后进为抬梁式构架。驼峰、斜撑、隔扇等构件雕花装饰，整体造型古朴大方。

黎阳街15号宅

位于屯溪区黎阳镇黎阳街，建于清代。占地面积约46平方米。坐南朝北，一进三开间砖木结构二层建筑。穿斗式构架，硬山式屋顶。

黎阳街122号宅

位于屯溪区黎阳镇黎阳街，建于清末。占地面积304平方米。坐西朝东，砖木结构，整体由主屋、花厅及四处院落组成。主体建筑北侧为花厅，花厅外有檐廊，南侧为主屋。

黎阳街129号宅

位于屯溪区黎阳镇黎阳街，建于清代。占地面积145平方米。坐西北朝东南，二进三开间砖木结构二层建筑，前进为走马楼，后进为小三间，抬梁穿斗并用式构架，硬山式屋顶。

黎阳老屋

位于屯溪区黎阳镇黎新巷1号，建于清代。占地面积302平方米，二进三开间二层建筑，穿斗式构架，硬山式屋顶。前有庭院，大门在庭院西侧，内院东侧设有边屋一间，一进明间为厅，次间为厢房，上下堂布局。2008年被列为黄山市重点文物保护单位。

黎阳率水路18号宅

位于屯溪区黎阳镇率水路，建于清代。占地面积267平方米。坐北朝南，二进三开间砖木结构二层建筑，穿斗式构架，硬山式屋顶。前进明间为厅，次间为厢房，天井与堂屋有落差，堂屋方砖铺地，后进为走马楼。房屋北侧另设边屋一间。

黎阳率水路41号宅

位于屯溪区黎阳镇率水路，建于清代。占地面积116平方米。坐北朝南，一进三开间砖木结构二层建筑，穿斗式构架，硬山式屋顶。明间为厅，次间为厢房，厅堂和天井均用石板铺地，有落差。

礼耕堂

位于歙县霞坑镇金山村六组，建于清末。坐北朝南，一进三开间。通面阔13.6米，通进深9.9米，占地面积135平方米。大门有门罩。前堂天井，两侧走廊，正堂两边厢房，雕刻精致。

礼耕堂

位于婺源县江湾镇下晓起村，清光绪年间。茶商汪允璋的宅院。三进二天井，每进三间两厢。占地面积634.12平方米。屋内厢房的房门、窗棂、屏风、梁枕、雀替等均雕刻精美。门罩为立柱式，其砖雕的形象塑造及布局手法都独具匠心，生动活泼，其中『蜂』『猴』两块砖雕形象幽默，惟妙惟肖。建筑整体风格素雅，呈现三合后四落的布局，装饰以抽象花草为主，保存良好。2005年被列为上饶市重点文物保护单位。

李爱眉、查子英宅

位于黟县宏村镇大同村黄村口组，建于清代。坐北朝南，开间9.36米，进深13.7米，占地面积128.2平方米。三开间前后厅中天井有厢廊二层建筑。左厢耳门通厨房，照壁后上楼，三合土地坪，隔扇门窗和木雕构配件保存完整。

李帮勋宅

位于黟县碧阳镇南屏村，建于清末。坐西朝东，开间9.7米，进深8.6米，占地面积83.4平方米。一进三开间一天井二层建筑。木雕构件保存完整。

李昌年等宅

位于黄山区龙门乡龙源村竹园坦组，建于晚清。占地面积148.5平方米。二进三开间。穿斗式构架，水门汀地面，平铺式天井，月梁、斜撑等均被拆除，只剩4个梁袱。西有倚屋三间，并有一间为两层。

李长年宅

位于黄山区龙门乡龙源村竹园坦组，建于晚清。占地面积66.56平方米。一进三开间。穿斗式构架，水门汀地面，平铺式天井已改建。内有斜撑2个，梁袱4个，花格窗2副，一步梁1对。

李成龙等宅

位于黟县宏村镇龙江村下轴组，建于清末。坐东北朝西南，开间9.65米，进深14.52米，占地面积140.1平方米。三开间前后厅二厢二层建筑。两天井，后厅照壁后上楼。三合土地坪。木构架、装修等较完整，木构配件及隔扇制作精致。

李翠珍宅

位于黟县碧阳镇碧山村碧东组，建于清末。坐西北朝东南，开间9.35米，进深9.2米，占地面积86平方米。一进三开间一天井二层建筑。木构架保存尚好。

李德水宅

位于歙县北岸镇呈村降村呈东组，建于清代。坐东朝西，一进三开间。通面阔9.45米，通进深6.95米，占地面积65.68平方米。门楼有部分砖雕，内有少量木雕。

李东和、梅凤英宅

位于歙县许村镇许村前溪自然村四组026号，建于清代。坐西朝东，一进三开间楼房。通面阔13.8米，通进深8.8米，占地面积121.44平方米。三间右边有一独间相连，少有木雕，仅堂前楼板下两边有方格窗。内有天井。

李福权宅

位于黟县碧阳镇石亭村，建于清末。坐北朝南，开间9.45米，进深7.9米，占地面积74.7平方米。一进三开间一天井二层建筑。照壁后上楼，木构架基本保存完好。

李富津等宅

位于歙县北岸镇呈村降村呈东组，建于清代。坐东朝西，由南北两栋一进三开间楼房组成。通面阔21.4米，通进深5.5米，占地面积117.7平方米。门楼有精美砖雕，内部有少量木雕。

李根生宅

位于黄山区新丰乡新丰古街中部，建于清代。一进三开间商铺，占地面积154.86平方米，高约6米。西店东宅，房后倚屋。木架结构为穿斗式，水门汀地面，地沟式天井，板壁墙，二层阁楼。

李光新宅

位于祁门县闪里镇坑口村。坐北朝南，院门朝西，前后厅，方木柱。通面阔14.6米，通进深14.1米，占地面积206平方米。

李桂发宅

位于黟县宏村镇际村，建于清代。坐西朝东，面阔10.71米，进深9.18米，占地面积98.3平方米。三开间带二厢有天井二层建筑。照壁后上楼，左院墙门通外路，右厢侧耳门通厨房。木构配件及隔扇制作精致。

李桂红宅

位于祁门县历口镇深都村南畈组，建于清末。坐北朝南，一进三开间徽派砖木二层建筑。通面阔10米，通进深10.5米，占地面积105平方米。前设天井采光通风，青石、木地板铺设地面，屋内月梁、斜撑、雀替等雕刻保存较好。

李国定宅

位于黟县碧阳镇北街社区，又名『余正燮故居』，建于清代。坐西朝东偏北，面阔9.7米，进深11.45米，占地面积111.1平方米。二进三开间有天井砖木结构二层建筑。木构架承重，木构架、装修等完整，内构配件、隔扇等制作精致并完整。2017年被列为黄山市重点文物保护单位。

李国光宅

位于黟县碧阳镇碧山村碧西组，建于清代。坐北朝南，面阔10.1米，进深8.95米。占地面积90.4平方米，三开间带二厢有天井二层建筑。隔扇门窗、横风窗、飞罩、楼行栏杆等木构配件保护较好，大门砖雕门楼制作精美。

李国光宅

位于黟县碧阳镇石亭村，建于清末。坐北朝南，面阔10.15米，进深8.05米，占地面积81.7平方米。一进三开间一天井二层建筑。天花板上有彩绘，木构架保存尚好，天井铺『黟县青』地坪石。

李国生、何观堂宅

位于黟县碧阳镇钟山村，建于清代。坐北朝南，面阔9.6米，进深9.1米，占地面积87.4平方米。三开间带二厢有天井砖木结构二层建筑。

李汉民宅

位于歙县雄村镇雄村，建于清代。坐西朝东，一进三开间。通面阔9.8米，通进深5.7米。大门为格子门，门上有雕花，西边有厢房。

李和忠宅

位于歙县徽城镇斗山街11-4号，建于清代。通面阔12.9米，通进深21.6米，占地面积280平方米。前后进有天井，前进天井开阔，后进天井狭小。后进东西有楼梯和两厢房，格子窗户。

李宏义等宅

位于黟县碧阳镇北街社区，建于清代。坐西朝东，面阔10.1米，进深15.7米，占地面积158.6平方米。二进三开间前后厅有天井砖木结构二层建筑。木构架承重，木构架、装修等较完整，构配件、隔扇等制作较好，门楼完好。

李积庆宅

位于黟县碧阳镇石亭村，建于清末。坐北朝南，面阔9.15米，进深8.45米，占地面积77.3平方米。一进三开间一天井二层建筑。照壁后上楼，花岗岩石板地坪石较完整，木构架基本完好。

李基求宅

位于休宁县鹤城乡新安源村茶源组，建于清代。占地面积71.25平方米。坐西朝东，一进三开间。地面铺石板，柱础方形，雀替雕花卉及斜方格，木隔扇窗饰金钱纹。

李吉宝宅

位于歙县深渡镇漳岭山村新建组，建于清代。坐东朝西，一进三开间二厢房二层建筑。通面阔10.6米，通进深9.5米，占地面积100.7平方米。无木雕，厅后有楼梯。大门顶挑檐，大门周边镶青砖无雕刻。

李继德宅

位于黟县碧阳镇碧山村碧东组，建于清末。坐西朝东，面阔10.6米，进深8.45米，占地面积89.6平方米。一进三开间一天井二层建筑。木构架基本完好，木装修基本完整，小青瓦屋面。

李佳盛宅

位于歙县王村镇新安村潘村自然村，建于明代。二进三开间。通面阔7.3米，通进深8.8米，占地面积64.24平方米。大门朝南。门楼无砖雕，有虎头滴水瓦。木窗栏杆由『富』『贵』『禄』『寿』等字组成。两侧都有楼梯，东侧已毁。

李家驹等宅

位于黟县碧阳镇石亭村，建于清代。坐北朝南，面阔11.9米，进深22.35米，占地面积266平方米。三进三开间二天井带二厢二层建筑。石制雕刻大门朝前，隔扇门窗、飞罩、横风窗等木装修制作精美。

李建年宅

位于休宁县流口镇流口村流二组22号，建于清代。占地面积65平方米。坐西北朝东南，一进三开间。门罩绘松鹤、花卉、云纹等。地面铺青石板，柱础方形。雀替雕土龙，木隔扇窗饰花卉、方格，裙板饰土龙、宝瓶等。天井内墙饰『福』字。

李将来等宅

位于黄山区三口镇白果树村新九组，建于清代。占地面积254.31平方米。二进五开间。穿斗式构架，墙体、框架基本完好，木构件已全部拆除。天棚面板，水门汀地面。

李金民宅

位于黟县碧阳镇北街社区，建于清末。坐西朝东，面阔9.4米，进深8.4米，占地面积80.8平方米。三开间带二厢有天井砖木结构二层建筑。木构架承重，木构架、装修等较完整。

李金益宅

位于休宁县流口镇流口村流一组53号，建于清代。坐西朝东，一进三开间。占地面积72平方米。地面铺青石板，柱础方形并雕刻『卍』字及动物，雀替雕花卉、龙，斜撑雕人物，楼梯口雕戏曲故事并髹饰金粉。

李金元宅

位于黟县宏村镇屏山村，建于清代。坐西朝东，面阔11.84米，进深9.20米，占地面积119.8平方米。三开间带二厢二层建筑。大门入口处设在前檐墙左边间，左厢耳门通厨房，右边间后檐设有通道通偏屋。

李进根宅

位于黟县碧阳镇南屏村，建于清代。坐西朝东，面阔8.35米，进深6.4米，占地面积53.4平方米。三开间带二厢有天井砖木结构二层建筑。木构架承重。

李凯生、李顺利宅

位于黟县宏村镇龙江村下轴组，建于清末。坐北朝南，面阔9.1米，进深7.63米，占地面积69.4平方米。三开间带二厢二层建筑。右侧门通厨房，正面大门为入口，照壁后上楼。

李老四宅

位于黟县宏村镇汤蜀村柏川组，建于清代。坐西朝东，面阔8.81米，进深7.49米，占地面积66平方米。三开间带二厢有天井二层建筑。左厢侧耳门通厨房，大门朝前。该房内有阁楼。

李立林宅

位于歙县郑村镇郑村十八组，建于清代。坐南朝北，二进三开间。通面阔12米，通进深18米，占地面积216平方米。大门石门框，门罩保存较好，有砖雕。

李利文等宅

位于休宁县齐云山镇西馆村南，建于清代。坐西朝东，呈四合式布局。占地面积152.4平方米。地面铺条石板，柱础方形，地袱石饰花卉，雀替雕花草，斜撑雕龙。

李梅花宅

位于歙县坑口乡瀹潭村，建于清末。坐北朝南，献厅式砖木结构二层建筑。通面阔9.25米，通进深7.7米，占地面积71.22平方米。砖雕简朴，无木雕，正门砖封。前有天井，天井左右有隔断、隔扇。右前厢开大门。

李梅花宅

位于黟县宏村镇屏山村，建于清代。坐北朝南，开间10.1米，进深9.81米，占地面积99.1平方米。三开间带二厢二层建筑。左厢耳门和右厢耳门通巷道，后檐墙设门通厨房，正厅保存完好。

李美花、陈兴杰宅

位于黄山区仙源镇龙山村北门组，建于晚清。占地面积105平方米。主屋为一进三开间。前左边屋为一进三开间，有阁楼，天棚望板，三合土地坪，隔断为木板。主屋大门内有一小天井，现已改建。主屋有梁袱2对，一步梁1对，格子门1副，门栅4块，通风窗2块。木架结构穿斗式，水门汀地面，屋内板壁墙。

李美玉宅

位于黄山区耿城镇沟村解放组，建于清末。二进三开间，占地面积120平方米，高约6米。木架结构穿斗式，硬山式屋顶，水门汀地面，地沟式天井，天棚望板，板壁墙。

李平安、李平凡宅

位于黟县碧阳镇柏山村下历组，建于清代。坐北朝南，开间10.3米，进深17.6米，占地面积181.3平方米。三开间带二厢二天井二层建筑。木构及隔扇、配件、楼行栏杆、砖门楼制作较好。

李庆来宅

位于黟县宏村镇宏村，建于清代。坐北朝南，主体部分通面阔10.4米，通进深9.8米，占地面积168平方米。二楼四合院式结构，木构架较完整，东侧为厨房。

李仁凤宅

位于黄山区耿城镇沟村共兴组，建于晚清。二进三开间。占地面积96.12平方米，高约6米。木架结构穿斗式，中柱直接到顶，水门汀地面，地沟式天井，板壁墙，天棚望砖。天井上檐有斜撑8个，均残。主宅右厢后部有偏房。

李瑞材故居

位于婺源县秋口镇李坑村，建于清初。占地面积213平方米。小院开偏门，正门装饰精美石雕，房屋翘角飞檐的门罩下和垂花柱式门枋上的砖雕工艺十分精湛，雕有戏曲故事图案。2005年被列为上饶市重点文物保护单位。

李少平宅

位于黟县西递镇西递村，建于清代。坐北朝南。通面阔8.8米，通进深11.4米，占地面积100.3平方米，建筑面积187.3平方米。三开间二层建筑。

李绍培等宅

位于黟县宏村镇大同村黄村口组，建于清代。坐北朝南，开间9.41米，进深11.88米，占地面积111.8平方米。三开间带二厢中天井三层建筑。左厢耳门通外巷道，右厢耳门通厨房，右厢上楼。

李绍书、李绍林宅

位于黟县宏村镇大同村黄村口组，建于清代。坐北朝南，开间8.65米，进深11.35米，占地面积98.1平方米。三开间带二厢前后厅中天井二层建筑。左厢耳门通厨房。

李氏老宅

位于歙县王村镇王村上店自然村009号，建于清代。通面阔13.87米，通进深8.9米，占地面积123.4平方米。北门临街。中间为石板地面，两厢为木板地面，木板墙。

李书麟故居

位于婺源县秋口镇李坑村，建于清同治年间。占地面积420平方米。木商李书麟故居，开八字院门，正面对着一面照壁。门楼雕刻精细。正堂陈列的条案有4米多长。2002年被列为婺源县重点文物保护单位。

李顺传宅

位于休宁县流口镇流口村流二组38号，建于清代。占地面积64.96平方米。坐东北朝西南，一进三开间。地面铺青石板，柱础方形，雀替雕土龙、花卉，木隔扇板、隔扇窗饰方格。

李顺光等宅

位于休宁县流口镇流口村上街中段，建于清代。占地面积122平方米。坐北朝南，一脊两堂布局。门罩砖雕饰花卉等，前厅三开间，地面铺青石板，柱础方形，雀替雕花卉，木隔扇门饰方格、人物，后厅雀替雕草龙，木隔扇门、窗饰几何图案及花卉。

李贴心宅

位于黄山区耿城镇沟村解放组，建于清末。一进三开间。占地面积109.7平方米，高6米。木架结构穿斗式，后柱到顶，硬山式屋顶，水门汀地面，平铺式天井，板壁，天井上檐有斜撑4个。

李庭良宅

位于黟县碧阳镇石亭村，建于清代。坐北朝南，开间9.1米，进深6.8米，占地面积61.9平方米。三开间带二厢有天井二层建筑。隔扇门窗、楼行栏杆及大门砖雕门楼等砖、木、石构配件制作精美。

李文华宅

位于黟县碧阳镇钟山村沙溪组，建于清代。坐北朝南，开间9.55米，进深8.55米，占地面积81.7平方米。三开间带二厢有天井砖木结构二层建筑。隔扇、横风配件及门楼保存较好。

李五喜、钱小爱宅

位于黄山区仙源镇龙山村泽河组，建于晚清。二进三开间二天井，后进高于前进。占地面积198平方米，高5.5米。木架结构穿斗式，斜方格纹水门汀地面，平铺式天井，板壁墙，天棚望砖，卷棚月梁。

李锡洪宅

位于黟县碧阳镇南屏村，建于清代。坐北朝南，开间9.6米，进深7.95米，占地面积76.3平方米。三开间带二厢有天井二层建筑。

李先武、汪家本宅

位于徽州区岩寺镇上朱村朱家坦自然村，建于清代。坐北朝南，建筑面积220平方米。二进三开间二层建筑。前进正屋三间两厢，楼下为三间显厅。后进正屋三间有楼，明间厅，楼上三间。楼上前后进走马楼，沿天井一圈均装格子门，屋面铺望砖。

李小娟宅

位于歙县徽城镇程家坞村，建于清代。坐北朝南，一进三开间砖木结构二层建筑。通面阔10.2米，通进深7米，占地面积71.4平方米。

李小苗宅

位于黟县美溪乡兰湖村，建于清代。坐西朝东，开间11米，进深11.3米，占地面积124.3平方米。三开间上厅下堂带二厢有天井二层建筑。正前面大门，照壁后上楼，天井四周回廊楼行，间、列向全用月梁承托，配以雀替，布局协调、气派。

李新长、李新城宅

位于黟县碧阳镇钟山村沙溪组，建于清末。坐北朝南，开间8.9米，进深12.2米，占地面积108.6平方米。三开间上下厅砖木结构二层建筑。木构架保存较好。

李信科宅

位于黟县美溪乡兰湖村，建于清代。坐北朝南，开间11.1米，进深11.9米，占地面积132.1平方米。三开间上厅下堂带二厢有天井二层建筑。正前面大门，天井右侧厢上楼，上厅前廊部设卷棚轩。梁架部分用支撑支护，内构配件、隔扇门窗等木雕精致。

李行仙宅

位于歙县郑村镇郑村三组，建于清代。坐北朝南，二进三开间。通面阔8.9米，通进深14.72米，占地面积131平方米。天井四周为厢房，有楼梯。略有雕刻，正堂有砖铺地。

李杏娟宅

位于黟县宏村镇龙江村蓬厦组，建于清末。坐东北朝西南，开间9.8米，进深6.4米，占地面积62.7平方米。三开间带二厢有天井二层建筑。右侧耳门通厨房，从厨房上楼。三合土斜方格地面，木构架、装修等较完整，门楼制作精致。

李秀鸾宅

位于黟县洪星乡同川村奕村组，建于清代。坐东南朝西北，开间9.9米，进深8.2米，占地面积81.2平方米。三开间带二厢有天井二层建筑。右厢前檐为入口，照壁后上楼。三合土地坪。木构架、装修等较完整，构配件、隔扇门窗制作较好。

李学良宅

位于黟县宏村镇大同村黄村口组，建于清代。坐西朝东，占开间10.75米，进深8.61米，占地面积92.5平方米。四开间厅堂式带厢廊有天井二层建筑。大门设于前檐墙左边间，右后边间上楼，木构配件雕刻精致，前檐前廊部有卷棚轩。

李雪芳宅

位于黟县宏村镇龙江村下轴组，建于清代。坐东北朝西南，开间9.34米，进深7.5米，占地面积70.1平方米。三开间带二厢二层建筑。正面大门为入口，左厢侧门通厨房，右厢侧门通外，照壁后上楼。木构架、装修等完整，木隔扇及构配件制作雕刻精致。

李燕玉宅

位于歙县徽城镇渔梁街，建于清代。坐北朝南，通面阔3.1米，通进深10.75米，占地面积34平方米。砖木结构二层建筑。

李宜敏宅

位于祁门县凫峰乡李源村李新组，建于清代。坐北朝南，一进三开间徽派砖木二层建筑。通面阔9.3米，通进深8.3米，占地面积77平方米。设边门进出，门罩饰有彩绘花纹。斜撑、隔扇、方形柱础及石板图案保存较好。前设天井采光通风，青石板铺设地面。

李永朋宅

位于黟县宏村镇雉山村李村组，建于清末。坐北朝南，开间9.71米，进深8.05米，占地面积78.2平方米。三开间二层建筑。照壁后上楼。

李有浩、李有然宅

位于歙县北岸镇呈村降村呈东组，建于清代。坐东朝西，二进三开间。通面阔8.4米，通进深11.55米，占地面积93.56平方米。门楼有砖雕，内有木雕，皆较精美。厅中有『淳裕堂』匾额。

李玉美等宅

位于歙县徽城镇旸村，建于清代。坐北朝南，二进三开间。通面阔12米，通进深14.5米，占地面积176平方米。有天井，门上有砖雕。部分倒塌。

李元昌、叶再玉宅

位于黟县碧阳镇石亭村，建于清末。坐北朝南，开间8.85米，进深14.7米，占地面积130.1平方米。二进三开间二天井二层建筑。大门砖雕门楼。

李增设宅

位于休宁县流口镇流口村流一组66号，建于清代。占地面积162平方米。坐北朝南，一脊二堂三开间布局。门罩砖雕饰『卍』字纹，前厅地面金砖铺地，立柱及柱础方形，雀替雕花卉、人物，木隔扇门饰花卉，隔扇窗饰方格，裙板雕土龙、『寿』字、花卉及戏曲故事；后厅隔扇门、窗及挂落均饰方格及几何图案。

李知诚故居

位于婺源县秋口镇李坑村，建于明代。占地面积224平方米。南宋武状元李知诚的书斋。屋中央的地面用方砖铺就，采用木柱础，前檐柱间的通间槛窗连后花园。园内有一方石砌的鱼池，旁有古紫薇树。2005年被列为上饶市重点文物保护单位。

李志生宅

位于黟县碧阳镇南屏村，建于清末。坐南朝北，开间9.3米，进深6.8米，占地面积63.2平方米。一进三开间一天井二层建筑。天井地坪石完好，形制完整，木构架基本完好。

李忠茂宅

位于黟县碧阳镇石亭村，建于清代。坐北朝南，开间11.1米，进深20.75米，占地面积230.9平方米，三开间厅堂式二天井带二厢二层建筑。隔扇门窗、飞罩、横风窗、楼行栏板及大门砖雕门楼制作较精致，保存较完好。中进前檐直梁有人物雕刻，工艺较高。

李卓群等宅

位于歙县王村镇王村上店自然村104号，建于清代。一进三开间砖木结构二层建筑。通面阔9.7米，通进深11.4米，占地面积110.58平方米。大门朝南，已封。有门楼，门楼上砖雕被凿。墙上有绘画。

李子敬宅

位于黟县碧阳镇石亭村，建于清代。坐东朝西，开间9.65米，进深8.15米，占地面积78.6平方米。一进三开间一天井二层建筑。照壁后上楼，天井上空加盖小青瓦屋面，天花板上有彩绘。

李子娟宅

位于黟县碧阳镇南屏村，建于清代。坐东北朝西南，开间9.45米，进深14.05米，占地面积132.8平方米。三开间上下厅中天井带二厢砖木结构二层建筑。木构架承重，隔扇及横风窗、楼行栏杆制作较好。

李祖辉宅

位于黟县碧阳镇郭门社区，建于清末。坐西朝东，开间10.05米，进深10.95米，占地面积110平方米。三开间砖木结构二层建筑。木构架保存较好。2014年被列为黟县重点文物保护单位。

里堂屋

位于歙县昌溪乡双源村凤歧自然村，建于清末。坐东朝西，南面开门，一进三开间二层建筑。通面阔9.3米，通进深7.6米，占地面积70.68平方米。清代格局深天井。雕刻较精美，但破损严重。一楼回厢房设计。

里厅屋

位于歙县深渡镇向丰村四新组，建于清代后期。坐北朝南，二进三开间一天井二层建筑。通面阔9.3米，通进深10.9米，占地面积100.92平方米。周边墙体有墙画，上下对堂。外门楼檐下有少许雕刻。

立本堂

位于婺源县浙源乡岭脚村，建于明末清初。徽墨名家詹有乾的故居。2005年被列为婺源县重点文物保护单位。

立德堂

位于婺源县浙源乡凤山村82号，建于明末清初。坐南朝北，三开间砖木结构二层建筑。占地面积116平方米。三开间，大门朝北，石门枋，厅内单浅天井。梁枋、梁柁、雀替均有雕饰，整体保存完整。楼梯置于照壁后，东侧经一弄堂为余屋，二层楼，单天井。该余屋梁枋上布满雕饰，且基本保存完整。整体仍保持清代徽派建筑风格，尤其雕饰保存较好。2005年被列为上饶市重点文物保护单位。

梁和气宅

位于歙县郑村镇堨田村十一组，建于明末清初。坐西朝东，二进三开间。通面阔9.5米，通进深16.5米，占地面积156.75平方米。上、下二层。大门柱青石，门罩雕花。天井一个，两侧有木雕斗拱。梁撑有雕刻，下堂与天井均青石铺地。下堂厢房上方有木雕花气窗。

梁文举宅

位于黟县宏村镇屏山村，建于清代。坐南朝北，开间9.3米，进深12.24米，占地面积113.83平方米。三开间带二厢二层建筑。右厢耳门通外巷路，左厢耳门通内院，后檐墙设门通厨房，厨房内设楼梯，厨房右边门通外巷路。

两汪宅

位于歙县北岸镇瞻淇村，建于明代。坐南朝北，二进三开间楼房。通面阔12.4米，通进深11.2米，占地面积137.6平方米。大门有门楼，门楼有简易砖雕。内有少量木雕。2006年被列为歙县重点文物保护单位。

廖美仙宅

位于休宁县海阳镇齐宁社区水碓巷26号，建于清代。占地面积197.74平方米。坐西朝东，北墙开大门，一脊二堂三开间。门罩彩绘花卉，前进地铺红砂石板，柱础方形，雀替雕花卉、人物，斜撑雕倒悬狮，地栿石装饰变形『卍』字。后进大梁方形。

林承信、林承仁宅

位于黄山区焦村镇郭村新华组，建于清代。二进三开间。占地面积254平方米，高约7.2米。门向西，院前有一古井，右厢厢房，前有宅院。木架结构穿斗式，斜方格纹水门汀地面。两天井，前进天井为地沟式。板壁墙，圆柱圆梁，天棚望砖。

林根民宅

位于黄山区焦村镇郭村新华组，建于清代。一进三开间。占地面积99平方米，高约6米。右面有一层楼。木架结构穿斗式，三合土地坪，平铺式天井一个。板壁墙，圆柱方梁，二厢阁楼，封檐望板，天井上檐残存斜撑3个。

林荷芬宅

位于黟县宏村镇龙江村蓬厦组，建于清末。坐北朝南，开间10.08米，进深12.6米，占地面积127平方米。三开间上厅下堂中天井带二厢二层建筑。照壁后上楼，右厢耳门通偏厅。

林建民宅

位于黄山区焦村镇郭村和平组，建于清代。二进三开间。占地面积176平方米，高约7.3米。前有宅院，左厢前有厢房。前后进为半跑马楼式。木架结构穿斗式，三合土地坪。前后两天井，圆柱方梁，平铺式天井，板壁墙，天棚望砖。

林建萍宅

位于黄山区焦村镇郭村新华组，建于清代。一进三开间走马楼式建筑，门向东南。占地面积84平方米，高约5.9米。木架结构穿斗式，三合土地坪，地沟式天井，板壁墙，方柱方梁。天井上檐封檐，立面马鞍形。

林建义、方社来宅

位于黟县宏潭乡竹溪村，建于清代早期。坐西朝东，开间14.35米，进深13米，占地面积186.6平方米。五开间上厅下堂有天井二层建筑。上厅为单层见顶，正面为大门，上厅东西边间双楼梯上楼。上厅前廊部设卷棚轩，枋间芦苇墙。

林金娣等宅

位于黄山区甘棠镇凤凰村坦里组，建于清末。二进五开间。占地面积186.15平方米。屋内装饰简单。木架结构穿斗式，水门汀地面。现前堂与后堂有墙隔开，分前后两个部分。

林平宅

位于黟县西递镇西递村，建于清代。坐北朝南，占地面积70.2平方米，主体通面阔9米，通进深7.8米。三开间二层建筑。

林琦、林衍瑞宅

位于黄山区焦村镇郭村东门组，建于清代。一进三开间。占地面积108平方米，高约7.2米。后有天井。门向东北，北临村中主街。木架结构穿斗式，三合土地坪。平铺式天井，板壁墙，圆柱方梁，天棚望板。

林琴宅

位于歙县徽城镇就田村琅源自然村，建于清代。坐东朝西，砖木结构二层建筑。通面阔8.8米，通进深6.6米，占地面积58平方米。有天井，格子门窗，门楼有砖雕，窗上有砖雕。

林如娣宅

位于黟县碧阳镇碧山村碧东组，建于清代。坐北朝南，开间9.75米，进深7.3米，占地面积71.2平方米。三开间带二厢有天井二层建筑。大门朝前，照壁后上楼，左厢通厨房，右厢通院，隔扇门窗、横风窗保存较完好。

林益如宅

位于黄山区永丰乡永丰村卓村自然村北部，建于清代。门向西，占地面积98平方米，高约6.3米。二层阁楼式，后平铺式天井。木架结构穿斗式，斜方格纹水门汀地面，板壁墙，圆柱方梁，天棚望砖。

林永国宅

位于歙县徽城镇斗山街，建于清代。坐东朝西，二进三开间砖木结构二层建筑。通面阔10.1米，通进深12.5米，占地面积126.2平方米。天井狭小，格子窗。

林志高宅

位于黟县西递镇西递村，建于清同治年间。坐北朝南，通面阔9.7米，通进深8.6米，占地面积83.4平方米。三开间二层建筑。

临溪别墅

位于黟县西递镇西递村后边溪，建于清道光年间。坐西北朝东南，通面阔8米，通进深5米，占地面积88平方米。砖雕门罩的大门内，有一个不足5平方米的三角小院。大门的对角有一个小花台。小院右侧为庭院。面对花台为一幢小巧玲珑三间结构的便厅，正厅装有菱花隔扇门，厅内光线充足，次间小房各有大窗朝庭院采光。2001年被列为全国重点文物保护单位。

琳村003号宅

位于歙县徽城镇鲍川村琳村组，建于清末。坐东朝西，砖木双层结构。通面阔24米，通进深7.4米，占地面积56.6平方米。门楼上有彩绘。

琳村004号宅

位于歙县徽城镇鲍川村琳村组，建于清末。坐东北朝西南，砖木双层结构。通面阔6米，通进深7.25米，占地面积43.5平方米。圆柱方墩，横梁支撑。

凌冰宅

位于歙县霞坑镇鸿飞村287号，建于清代。坐东南朝西北，二进三开间二层建筑。通面阔9.1米，通进深12.4米。大门有门楼，门楼有精美砖雕。厅堂两边是房间，天井右边是楼梯。内部有简易木雕。

凌春桃一号宅

位于歙县深渡镇绵潭村红卫组，建于清代。坐西北朝东南，一进三开间二过厢二层建筑。通面阔8.3米，通进深8.3米，占地面积68.84平方米。门楼素墙。

凌达德宅

位于歙县富堨镇徐村溪下组，建于清代。坐西南朝东北，一进三开间楼房。通面阔6.61米，通进深8.15米，占地面积53.9平方米。厅堂照壁后有厢房，有简易门楼，上有漏窗，内部结构简单，无雕刻。

凌道一宅

位于徽州区潜口镇蜀源村，建于清代。占地面积213.52平方米。三开间上下对堂四合院二层建筑。前后厅均为长条砖铺地，上堂三间，三间显厅。楼上为走马楼，方砖铺地，上有望砖。明间为厅，次间为房。

凌集法宅

位于歙县富堨镇徐村溪上组，建于清代。坐西北朝东南，二进三开间楼房。通面阔13.1米，通进深11.7米，占地面积153.3平方米。下堂有厢房，天井两侧有廊，雕花屏门装隔，梁上有雕花。

凌集锦宅

位于歙县富堨镇徐村溪下组，建于清代。坐北朝南，二进三开间。通面阔11.75米，通进深11米，占地面积129.3平方米。下堂有厢房。内部结构简单。

凌金全等宅

位于歙县武阳乡洽河村，建于清光绪末年。坐北朝南，二进三开间二层建筑。通面阔10.9米，通进深12.7米，占地面积128.4平方米。楼前有小院，中堂有一块『德和堂』牌匾。有花木窗，上下堂有厢房，天井两侧有廊。

凌卫生等宅

位于歙县昌溪乡昌溪村下店自然村中段，建于明末。坐西朝东，一进三开间。通面阔9米，通进深4.45米。三六九砖砌就，砖制水笕。部分2005年拆除改建成新居。现存部分窗栏，无雕刻，简朴明快。

凌文翰等宅

位于休宁县海阳镇首村梅田自然村东南侧，建于清代。坐西北朝东南，开边门，一背二堂三开间布局。占地面积165平方米。大门为青石门洞，门罩有砖雕。梁架为穿斗式，楼下月梁、额枋雕饰花鸟、动物及『卍』字格图案。柱础为红砂岩方形。

凌霞宅

位于徽州区西溪南镇西溪南村丰联组，建于清代。坐北朝南，建筑面积168.54平方米。二进三开间二层建筑。前店后院，前进临街，三间显厅为店面。后堂与后进形成上下对堂，后进下堂明间为厅，两次间为房。上堂三间明间为厅，两次间为房。

凌云宅

位于歙县坑口乡阳坑村岭坑口组，建于清末。坐西北朝东南，三间『品』字形砖木结构二层建筑。通面阔9.55米，通进深8.9米，占地面积79.21平方米。无木雕，砖雕门楼完整。内部保存完好。

凌兆兴宅

位于歙县霞坑镇洪琴村499号、500号，建于清代。堂名为『厚德堂』。坐东南朝西北，一进三开间二层建筑。通面阔8.6米，通进深10.6米，占地面积91平方米。内部斜撑、窗栏等构件雕刻有刘海戏金蟾、和合二仙等图案，精美细致。

凌至祥宅

位于歙县霞坑镇洪琴村535号，建于清代。坐西北朝东南，一进三开间。通面阔11.2米，通进深14.9米，占地面积167平方米。门楼砖雕细腻。内部斜撑、雀替、窗栏等构件有精美雕刻。

刘查田宅

位于休宁县溪口镇江潭村前街组，建于清代。占地面积73.2平方米。坐西北朝东南，一进三开间。门罩有砖雕，裙板处有雕刻，地面用青石板铺就。

刘春生宅

位于黟县碧阳镇古黄村黄村组，建于清代。坐北朝南，开间9.55米，进深8.3米，占地面积79.3平方米。三开间厅堂式带二厢有天井二层建筑。隔扇门窗保存较好，做工精致。

刘大春宅

位于休宁县万安镇钟塘村流塘组，建于清代。坐北朝南，三进三开间，一进门屋，二进厅堂，三进寝楼。占地面积89.72平方米。门罩砖雕饰草龙、花卉图案，青石大门。梁架为抬梁式，轩顶3架梁、大厅5架梁，斜撑雕刻倒悬狮；雀替、平盘斗雕刻草龙、人物。柱础石鼓状。

刘德利宅

位于歙县徽城镇南屏村，建于清代。坐北朝南，一进三开间砖木结构二层建筑。通面阔5米，通进深8.9米，占地面积44.5平方米。门上有砖雕。

刘根友、刘根龙宅

位于歙县富堨镇中溪村四组，建于清代。坐东南朝西北，二进三开间楼房。通面阔9.65米，通进深11.6米，占地面积111平方米。下堂有厢房，天井两侧有廊，有简易门楼。内部斜撑、窗栏等构件有雕刻。

刘国坚宅

位于休宁县海阳镇齐宁社区东青巷15-17号，建于清代。坐北朝南，一进三开间。占地面积129.25平方米。结构简单。地面铺红砂石，柱础方形，木隔扇窗、挂落雕饰简单的几何图形。

刘华丰宅

位于黟县碧阳镇古黄村黄村组，建于清代。坐北朝南，开间9.65米，进深7.7米，占地面积74.4平方米。三开间带二厢有天井二层建筑。

刘惠金宅

位于歙县森村乡绍村，建于清末。坐南朝北，一进三开间。通面阔11.7米，通进深9.8米，占地面积114.66平方米。右侧为天井，左侧三开间，上下两层，内设简洁，无木雕。

刘建民宅

位于歙县富堨镇徐村后街组，建于清代。坐东南朝西北，一进三开间二层建筑。通面阔9.03米，通进深7.83米，占地面积70.7平方米。内部斜撑、窗栏等构件有雕刻。

刘金宝宅

位于黄山区汤口镇岗村4组，建于清代。一进三开间二层建筑。占地面积218.33平方米，高约6.5米。木架结构穿斗式，木板地面，板壁墙，照壁后上楼，中柱直接到顶，天棚无望板，直接椽瓦。柱为圆柱，梁多为方料。北部倚屋三间，为厨房。

刘来时宅

位于歙县森村乡渔岸村，建于明末。坐南朝北。通面阔11.1米，通进深15米，占地面积166.5平方米。内存一进，有天井，前院有明代的五马坊。内设比较简单。

刘连生宅

位于黄山区仙源镇龙山村泽河组，建于清代。二进三开间，左厢有一偏房（厨房）。占地面积138平方米，高约5.5米。木架结构穿斗式，斜方格纹水门汀地面，平铺式天井，板壁墙，天棚望砖，中柱直接到顶。斜撑残存3个。

刘茂荣宅

位于歙县徽城镇渔梁街30号，建于清末。坐南朝北，二进二开间。通面阔7.25米，通进深6.9米，占地面积50平方米。砖木结构，圆柱支撑，斜撑有雕刻。

刘美福、胡新凤宅

位于黟县碧阳镇钟山村，建于清代。坐北朝南，开间10.2米，进深14.15米，占地面积144.3平方米。三开间上下厅带二厢中天井砖木结构二层建筑。有隔扇门窗、横风窗、门楼等。

刘铭德宅

位于歙县雄村镇义成村二组，建于清代。一进三开间二层建筑。通面阔12.1米，通进深7.9米，占地面积95.59平方米。有一天井。大门有门楼，无砖雕。有冬瓜梁、雀替、斜撑，有格子窗。

刘荣礼宅

位于黟县西递镇西递村，建于清代。坐北朝南，三开间二层建筑。占地面积83.1平方米，建筑面积125.3平方米。

刘三贤、邵赛男宅

位于黟县碧阳镇石亭村，建于清代。坐北朝南，开间9.85米，进深15.4米，占地面积151.7平方米。一进三开间上下厅中天井二层建筑。大门砖雕门楼，天花板有彩绘。

刘树德等宅

位于休宁县海阳镇齐宁社区桂花树巷11号，建于清代。坐东南朝西北，一进三开间。占地面积92.6平方米。柱础方形，雀替雕花卉，斜撑呈如意状。

刘水和宅

位于歙县富堨镇中溪村二组，建于清代。坐东朝西，二进三开间楼房。通面阔9米，通进深13.1米，占地面积117.9平方米。下堂有厢房，内部窗栏有雕刻。

刘先银宅

位于黟县宏村镇屏山村，建于清代。坐西朝东，开间8.03米，进深6.85米，占地面积55平方米。三开间带二厢二层建筑。左厢耳门通内院，院外为巷路，右边间前檐墙设门通偏厅。

刘兴龙宅

位于黟县碧阳镇钟山村余光组，建于清末。坐北朝南，开间9.3米，进深8.75米，占地面积81.4平方米。三开间砖木结构二层建筑。木构架、装修及砖门楼制作较好。

刘永康宅

位于黟县宏村镇屏山村，建于清代。坐北朝南，开间8.55米，进深7.55米，占地面积64.6平方米。三开间带二厢有天井二层建筑。右厢耳门通厨房，后檐门通后院，木构架建于清末，木装修建于民国时期。

刘有鹤宅

位于黟县宏村镇龙江村秀里组，建于清末。坐西朝东，开间9.44米，进深6.37米，占地面积60.1平方米。三开间带二厢有天井二层建筑。左厢耳门通院，后檐墙开门通厨房。三合土斜方格地面，木构架、装修保存较完整。

刘余根宅

位于黟县碧阳镇关麓村潘村组，建于清代。坐南朝北，开间10.1米，进深7.6米，占地面积76.8平方米。三开间砖木结构二层建筑。木构架承重，房屋构架完整。

刘远珍宅

位于黟县宏村镇龙江村江村一组，建于清代。坐东朝西，开间7.9米，进深5.9米，占地面积46.4平方米。三开间二层建筑。正面大门为入口，后檐墙门通厨房，右厢设楼梯。

留耕堂

位于婺源县浙源乡虹关村虹关广场北端，建于清雍正年间，制墨名家詹元生（字成圭）为其第三个孙子所建。正堂大门朝东，大厅坐北朝南。二进三开间一楼正堂，前后堂天井三披水。占地面积500平方米，有4个对外大门，6个天井，规模宏大。宅内陈设也极为奢华。主人给房子取名『留耕』，缘于一副祖训名联：『心作良田，一生耕之不尽；书为恒产，百世留之有余。』2005年被列为婺源县重点文物保护单位。

留余堂

位于歙县霞坑镇洪琴村，建于清代。坐西朝东，一进三开间。通面阔11.4米，通进深10.4米，占地面积119平方米。前有园子。

留余堂

位于婺源县中云镇中云村上街，现为王吉生宅，建于清同治至光绪年间。堂名取自南宋廉臣王伯大《四留铭》。主屋坐北朝南，占地面积近700平方米，砖木结构三层建筑。据说有房间楼室36个。原屋主王迪卿，道光年间附贡生，奖五品衔。入口处有长方形小院子，左侧为官厅，右侧为主屋，与门口正对着的是客馆。左侧官厅分为4个部分，都有精美的木雕。居中的2块，雕有『诗书启后，孝友传家』。两边花雕嵌联文『学以精神通广大，家从清俭足平安』。内部木雕繁复多样，保存较完好。2005年被列为婺源县重点文物保护单位。

柳宝云宅

位于黟县宏村镇龙江村林村组，建于清末。坐东北朝西南，开间9.25米，进深7.8米，占地面积72.2平方米，三开间有天井二层建筑。正面大门，左侧门通厨房，后檐墙门通别屋，照壁后上楼。

六部通转楼

位于绩溪县华阳镇上马石村紫园山庄内。坐东南朝西北，建于清代中期。占地面积175平方米。上下对堂，二楼通转，抬梁穿斗并用式梁架，撑拱承挑出檐，中设一天井，室内的木雕构件隔扇、驼峰、斜撑、雀替窗栏板雕刻精美，并有木质门楼，别有洞天。

六桂堂

位于歙县上丰乡上丰村中街，建于清代。坐西朝东，二进三开间。通面阔10.15米，通进深14.1米，占地面积约143平方米。大门前白麻石板铺就格子路，下堂有厢房，天井两侧雕花屏门装隔。上堂统间。上下堂均有楼，砖、木、石雕精美。

六也堂

位于歙县北岸镇瞻淇村，建于明代。坐西朝东，三进三开间楼房。通面阔8.1米，通进深22米，占地面积178.2平方米。历代皆有维修。大门有门楼，门楼有简易砖雕。内部结构简单。2006年被列为歙县重点文物保护单位。

龙道明宅

位于黟县碧阳镇碧山村碧东组，建于清代。坐南朝北，开间9.85米，进深17.50米，占地面积172.40平方米。二进三开间二层建筑。后进形制保存较完整。

隆阜后街35号宅

位于屯溪区黎阳镇隆阜后街，建于清代。占地面积约1383平方米。坐南朝北，三进三开间砖木结构二层建筑。板壁外门，前天井西侧有一边屋和小院，后天井左右两侧均有一间耳房。

隆阜七房厅2号宅

位于屯溪区黎阳镇隆阜村，建于清代。原为隆阜戴氏大户民宅七房厅组成部分。坐北朝南，一进三开间砖木结构二层建筑。占地面积约160平方米。明间为厅，两次间为厢房，厅堂和天井均石板铺地，无落差。天井东侧有楼梯，自南向北登楼，房屋后侧设厨房。

隆阜七房厅4号、8号宅

位于屯溪区黎阳镇隆阜村，建于清代。七房厅原为隆阜戴氏府邸，规模宏大，部分建筑已毁。4号宅抬梁式构架，占地面积约189平方米。8号宅大门朝东，主屋为二进三开间二天井楼房，东边为边屋，占地面积约553平方米。2013年被列为屯溪区重点文物保护单位。

隆阜文教路20号宅

位于屯溪区黎阳镇隆阜文教路，建于清代。占地面积约323平方米。坐北朝南，砖木结构，由主屋和边屋两部分组成。主屋为三开间四合式走马楼，边屋为三开间二层建筑。

隆阜正街74号宅

位于屯溪区黎阳镇隆阜正街，建于清末。坐西朝东，一进三开间砖木结构楼房。占地面积约100平方米。厅堂和天井均石板铺地，无落差。太师壁后有楼梯，自北向南登楼。

隆兴号客馆

位于婺源县赋春镇上严田村，建于清代。占地面积180平方米，受地形限制呈三角形二层建筑。木雕较粗糙简单，保存较完好。一楼临街店铺经营，二楼供客商休憩。外墙上方有暗八仙木雕装饰。2005年被列为婺源县重点文物保护单位。

卢宝贵、卢堂孙宅

位于黟县宏村镇雉山村卢村组，建于清代。堂号『志诚堂』。坐北朝南，开间13.4米，进深18.29米，占地面积243.5平方米。二进三开间带二厢二天井二层建筑。大门朝前院，院前有廊，院左边有书房，书房前门通外路，前左厢侧耳门通厨房，后左厢侧耳门通外路。木铺楼板，三合土斜方格地面。隔扇门窗及木构配件、砖作门楼等制作精致。2012年被列为安徽省重点文物保护单位。

卢村志诚堂

位于黟县宏村镇卢村，建于清道光年间。坐北朝南，面阔13.4米，进深18.3米，占地面积243.5平方米。二进三开间砖木结构二层建筑。木构架承重，空斗墙围护，小青瓦屋面，三合土斜方格地面。木雕气势恢弘，两侧厢房的莲花门从上到下，眉板、胸板、腰板和裙板，几乎每寸木头都雕满了图案，人物造型生动，画面构图饱满，雕刻技法缜密繁复。2012年被列为安徽省重点文物保护单位。

卢德堂宅

位于黟县宏村镇大同村万村组，建于清代。坐西朝东，开间11.05米，进深8.55米，占地面积94.5平方米。三开间带二厢有天井二层建筑。左边间前檐墙门通外巷路，照壁后上楼，木构配件及隔扇门窗等制作工艺较高。

卢端祥宅

位于黟县宏村镇雉山村卢村组，建于清末。坐北朝南，开间6.25米，进深7.05米，占地面积44.1平方米。二开间二层建筑。照壁后上楼。

卢福旺宅

位于黟县宏村镇宏村，建于清光绪年间。坐北朝南，二开间二层建筑。主体通面阔10米，通进深23米，占地面积392平方米。东向有书厅，莲花门、门楼等保存完整。

卢海平宅

位于黟县宏村镇雉山村卢村组，建于清代。坐北朝南，开间9.03米，进深8.86米，占地面积80平方米。三开间带二厢有天井二层建筑。大门朝东墙院，左廊侧耳门通外路，右边间前檐墙门通厨房。前廊部有卷棚轩天棚。

卢海泉宅

位于黟县宏村镇雉山村卢村组，建于清代。坐北朝南，开间9.68米，进深10.78米，占地面积104.3平方米。三开间上下厅带二厢中天井二层建筑。左厢侧耳门通外为入口大门，右厢侧耳门通厨房，右厢上楼。三合土地坪。

卢鸿亮、郭家平宅

位于黟县宏村镇雉山村卢村组，建于清代。坐西朝东，开间9.6米，进深10.5米，占地面积100.3平方米。三开间上下厅中天井二层建筑。左厢侧耳门通厨房，从厨房内上楼。三合土地坪。

卢辉生宅

位于黟县碧阳镇关麓村，建于清代。坐南朝北，开间10米，进深9.25米，占地面积92.5平方米。三开间砖木结构二层建筑。木构架承重，木构配件制作较好。

卢继生宅

位于黟县宏村镇雉山村卢村组，建于清代。坐北朝南，开间11.52米，进深7.36米，占地面积84.7平方米。四开间带二厢有天井二层建筑。左边间上楼，右厢侧耳门通厨房，大门朝前。三合土斜方格地面。

卢建成宅

位于黟县宏村镇雉山村卢村组，建于清末。坐北朝南，开间10.04米，进深9.29米，占地面积93.2平方米。三开间带二厢有天井二层建筑。三合土地坪。

卢建华、卢如珍宅

位于黟县宏村镇雉山村卢村组，建于清代。坐北朝南，开间9.84米，进深9.36米，占地面积92.1平方米。三开间带二厢有天井二层建筑。

卢坤鑫宅

位于黟县宏村镇雉山村卢村组，建于清末。坐北朝南，开间10.9米，进深8.55米，占地面积93.2平方米。三开间二层建筑。左厢上楼。

卢立业宅

位于黟县宏村镇雉山村卢村组，建于清代。坐北朝南，开间9.84米，进深8.24米，占地面积81平方米，三开间带二厢有天井二层建筑。照壁后上楼，右厢侧耳门通外为入口大门。三合土地坪，木构配件及隔扇制作较好。

卢起海宅

位于黟县宏村镇雉山村卢村组，建于清代。堂号『慎德堂』。坐北朝南，开间9.5米，进深8.6米，占地面积81.7平方米。三开间带二厢有天井二层建筑。左厢侧耳门通外路，右厢侧耳门通厨房，大门朝前院，照壁后上楼。三合土地坪。

卢强尔宅

位于黟县宏村镇雉山村卢村组，建于清代。坐北朝南，开间10.12米，进深11.0米，占地面积111.3平方米。三开间上下厅带二厢中天井二层建筑。三合土地坪，隔扇门窗及木构配件、砖门楼制作较好。

卢庆贺宅

位于黟县宏村镇屏山村，建于清代。坐北朝南，开间10.15米，进深11.5米，占地面积116.7平方米。三开间带二厢有天井二层建筑。右厢侧耳门通外巷路，照壁后上楼，后檐墙设门通厨房。砖、木、石构配件及装修等制作精美别致。

卢秋香宅

位于黟县宏村镇龙江村北庄组，建于清末。坐东朝西，开间8.95米，进深12.15米，占地面积108.7平方米。三开间上厅下堂式二层建筑。下堂正面为入口大门，右厢侧门通外。

卢汝霖宅

位于黟县宏村镇雉山村卢村组，建于清代。坐西朝东，开间9.93米，进深8.05米，占地面积79.9平方米。三开间三层建筑。

卢伟忠、何志益宅

位于黟县宏村镇雉山村卢村组，建于清代。坐北朝南，开间10.4米，进深11.2米，占地面积116.5平方米。三开间带二厢有天井二层建筑。三合土地坪。

卢慰祖宅

位于黟县宏村镇雉山村卢村组，建于清代。坐北朝南，开间9.75米，进深12.3米，占地面积119.9平方米。三开间带二厢有天井二层建筑。制作较好。

卢文清宅

位于黟县宏村镇塔川村，建于清代。坐东北朝西南，开间9米，进深12.35米，占地面积111.1平方米。三开间前堂后厅中天井二层建筑。正面大门，内设屏门，照壁后上楼。房屋整体保存较完整，内构制作较好。

卢锡春宅

位于黟县宏村镇雉山村卢村组，建于清末。坐北朝南，开间8.84米，进深6.71米，占地面积59.3平方米。三开间二层建筑。

卢香女、谢应良宅

位于黟县宏村镇塔川村西山组，建于清代。坐东北朝西南，开间9.6米，进深13米，占地面积124.8平方米。三开间带二厢上厅下堂中天井二层建筑。正面大门，内设屏风，照壁后上楼。三合土地坪。木构配件制作精致。

卢雪堂宅

位于黟县碧阳镇北街社区，建于清代。坐西朝东，开间9.65米，进深7.45米，占地面积71.9平方米。三开间带二厢有天井砖木结构二层建筑。木构架承重，木构架、装修等较完整，构配件、隔扇等制作较好。2014年被列为黟县重点文物保护单位。

卢义发、卢义生宅

位于黟县宏村镇雉山村卢村组，建于清代早期。坐北朝南，开间11.71米，进深11.44米，占地面积133.9平方米。五开间，内有采光天窗。

卢有基、汪利玉宅

位于黟县宏村镇雉山村卢村组，建于清代。坐北朝南，开间17.35米，进深17.59米，占地面积257.1平方米。二进三开间带二厢有天井二层(后进为三层)建筑。木铺楼板，三合土地坪，门楼精致。

卢月琴等宅

位于歙县徽城镇新南街，主体建于清康熙年间，民国时期有改建。坐北朝南，二进三开间二层建筑。通面阔19米，通进深16.8米，占地面积319平方米。大门进口有门套，左边有井房，大厅在左侧，右边书房。墙体为『黟县青』石。白果木质，红漆。外墙面绘有人物风景图，斜撑有狮子、孔雀等雕刻，保存完整，做工精致。圆柱圆墩，木刻花纹雕栏。

卢月琴宅

位于歙县徽城镇向阳路48-1号，建于清代。坐北朝南，二进二厅。通面阔20米，通进深18.6米，占地面积372平方米。3个天井，有院子和木雕。

卢跃飞宅

位于黟县宏村镇雉山村卢村组，建于清代。坐北朝南，开间10.41米，进深9.56米，占地面积99.5平方米，三开间带二厢中天井上下厅二层建筑。大门朝前，院前通外路，左厢侧耳门通偏屋，前院左侧耳门通厨房，右厢上楼。隔扇门窗及木构配件制作较精致。

陆世和宅

位于黄山区谭家桥镇新洪村梓里组，建于清代早期。又称『陈家四房』。占地面积548.96平方米。五开间。穿斗式构架，板壁式墙体，平铺式天井。整体框架完整，有斜撑6个，梁袱4个，月梁1对，柱础为汉白玉石礅。

陆小彪宅

位于黟县宏村镇屏山村，建于清末。坐北朝南，开间11.21米，进深11.01米，占地面积123.4平方米。三开间二层建筑。前檐为敞开式统隔扇，左厢边墙门通外巷路，右厢通厨房，楼梯设在厨房内。

罗炳安等宅

位于歙县金川乡合丰村外东山自然村，建于清代。坐北朝南，二进三开间。通面阔9米，通进深12.6米，占地面积113.4平方米。砖木结构，砖木石雕并存，有天井地漏等，砖雕门罩完整。

罗纯夫宅

位于徽州区呈坎镇呈坎村钟英街西侧，建于清代。坐西朝东，建筑面积418平方米。二进三开间二天井建筑。大门居中，全包铁皮，施砖雕门罩，门南边有下马石。门内设廊，前进底层三间为堂，现辟两厢房，楼梯在后进照壁后。斜撑、窗扇、挂落、横风窗皆施雕刻，后进开边门通厨房，并可通私塾厅堂。私塾在正屋北，朝街面开门，院北廊内为课读处。2001年作为呈坎村古建筑群的组成部分被列为全国重点文物保护单位。

罗光荣宅

位于徽州区呈坎镇呈坎村后街，建于明代中期。坐西朝东，建筑面积96.31平方米。三开间带二厢二层建筑。楼厅高敞，设双步梁，驼峰雕琢精美，楼层两厢搁栅，有储藏室。后进天井右侧开大门，左侧设楼梯。楼下覆盆柱础，有裙板，挑沿拱上有罗汉枋、普柏枋。楼上有望砖、芦苇墙，雕花替木、云头霸王拳等颇具特色。2001年作为呈坎村古建筑群的组成部分被列为全国重点文物保护单位。

罗国祥宅

位于黟县宏村镇际村岭头组，建于清代。堂号『裕德堂』。坐西北朝东南，开间10.14米，进深7.79米，占地面积78.9平方米。三开间带二厢有天井二层建筑。左厢侧耳门通厨房，右厢侧耳门通外为入口大门。

罗和平宅

位于黟县西递镇西递村，建于清代。坐北朝南，占地面积129.6平方米，建筑面积172.8平方米。主体三开间二层建筑。

罗会渡宅

位于徽州区呈坎镇呈坎村水圳巷，建于清代。坐东朝西，建筑面积276平方米。门前石板坦，大门居中，上有砖雕门罩，铁皮包镶门扇，门屋内设二道门。前进与中进厅堂形成天井四边落水，门屋两边间为房，施玻璃窗扇。中进底层三间为厅堂，油漆柱枋，前进后檐及中进腰檐施挂落，楼梯架照壁后。后进三开间二层，朝东向三间为厅，施腰檐，与前进边廊形成三合式院落。院内有深2.5米的水池。2001年作为呈坎村古建筑群的组成部分被列为全国重点文物保护单位。

罗会森宅

位于徽州区呈坎镇呈坎村钟英巷，建于清代。坐北朝南，建筑面积312.37平方米。大门为券形门洞，三级石阶，前、后两进形成天井四边落水，楼梯设在后进照壁后，方砖铺地，临天井间有斜撑，隔扇雕刻。

罗会文宅

位于徽州区呈坎镇呈坎村村南，建于清代，民国时期改建。坐西朝东，建筑面积153.34平方米。二进三开间带厢房带天井二层建筑。前进系原祠堂改造而成，三间为厅，施月梁、雀替，梁上为栌斗承楼枋，朝东向檐下添建一层平房。后进明间为厅，两边为厢房，楼梯架照壁后，天井沿斜撑有雕刻。楼上前进脊上墨书有『民国三年改建』字样，南山墙四级马头墙跌宕。2001年作为呈坎村古建筑群的组成部分被列为全国重点文物保护单位。

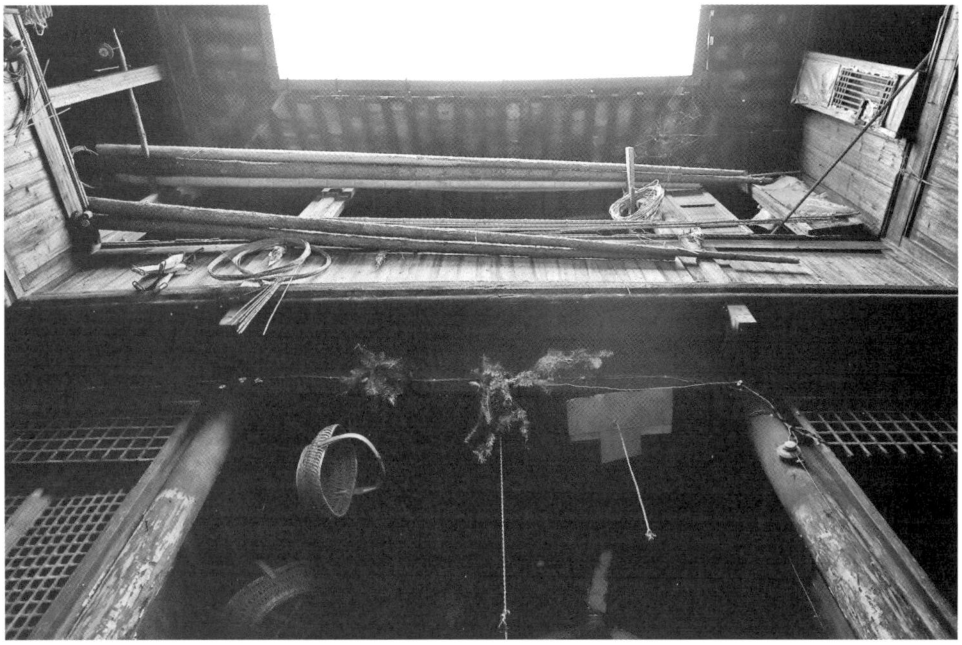

罗会雁宅

位于徽州区呈坎镇呈坎村西北，建于明末。坐西南朝东北，建筑面积96.77平方米。三开间带二厢。西廊设转角楼梯，东廊开边门。楼上沿天井边有一板一楸的改动痕迹，地面青条砖铺筑，上盖木板，楼上地面有方砖。

罗会铮宅

位于徽州区呈坎镇呈坎村水圳巷，建于明代。坐西朝东，建筑面积411.08平方米。正屋北廊内开边门通巷。五开间带二厢二层建筑。底层明间为厅，次、梢间为厢房，楼梯在北梢间后。楼上前金柱为双步梁挑空，柱端琢成莲瓣，枋上施彩画，俗称『花篮厅』，南廊开边门通三间书屋，书屋前为场院。2001年作为呈坎村古建筑群的组成部分被列为全国重点文物保护单位。

罗季庆宅

位于歙县徽城镇南屏村忠堡自然村，建于清代。坐北朝南，一进三开间砖木结构二层建筑。通面阔9.3米，通进深6.2米，占地面积约58平方米。门楼有砖雕，方柱圆墩。

罗家銿宅

位于歙县徽城镇南屏村忠堡自然村，建于清代。坐北朝南，二进三开间上下堂砖木结构二层建筑。通面阔9.4米，通进深14.4米，占地面积约135平方米。格子门窗，有门楼、天井、冬瓜梁。

罗进木宅

位于徽州区呈坎镇呈坎村孙家巷，建于明末。坐西朝东，建筑面积117.38平方米。大门有砖雕门罩，门廊及南边廊为正堂腰檐形成天井四边落水。门廊为梁柱构造，设12组斗拱承檐枋。脊高11米，底层高6米，梁枋用材硕大，柱径为0.45米。底层三间为厅，二层梁构造，莲瓣形平盘斗，楼层厢房窗台栏杆挑出约0.5米。2001年作为呈坎村古建筑群的组成部分被列为全国重点文物保护单位。

罗开复宅

位于徽州区呈坎镇呈坎村前街，建于清代。坐西朝东，建筑面积199.5平方米。居中设排门，前进三间为堂，条砖铺设地面，中进为居室，一明两暗，楼梯在南廊，照壁后边门通厨房，厨房为三合式院落，后楼开门通小巷，巷内设廊，与对面骡马房相接。2001年作为呈坎村古建筑群的组成部分被列为全国重点文物保护单位。

罗腊梅宅

位于黟县宏村镇龙江村江村二组，建于清末。坐北朝南，开间8.9米，进深10.45米，占地面积93.01平方米。前后进三开间有天井二层建筑。前进为主屋，后进为厨房，照壁后上楼，正面为大门，厨房石墙放门通外。三合土地坪。木构及装修、构配件保存完整，制作较好。

罗来滨宅

位于徽州区呈坎镇呈坎村钟英街西侧，建于明代。坐西朝东，建筑面积190.1平方米。出大门朝北向开边门进巷，大门内外砖雕门罩。前进底层三间厅，施月梁，丁头拱眼内雕花，楼梯架在北廊内，后进底层为客厅，楼层置方搁栅，上铺方砖，穿斗式梁架，童柱端琢鹰嘴榫，编苇夹泥墙，一板一楸装修。2001年作为呈坎村古建筑群的组成部分被列为全国重点文物保护单位。

罗来林宅

位于徽州区呈坎镇呈坎村十字街，建于清代。坐西朝东，建筑面积393.75平方米。大门居中，上有砖门罩，前隔街面有照墙。内门廊一披水，前进三间为厅，照壁后转入后进。后进上下对堂，两边厢房朝厅开门，两廊临天井向月洞门花式装修，北廊设木旋转楼梯，可上前后两进楼层。后进照壁后开后门通厨房，南廊开边门通厨房。2001年作为呈坎村古建筑群的组成部分被列为全国重点文物保护单位。

罗来乃宅

位于徽州区呈坎镇呈坎村四组溪东街，建于清代。坐西朝东，建筑面积100.32平方米。三开间四柱砖木结构楼房，小三合院。明间为厅，两次间为住房。楼上向后一面有通栏隔扇窗。后墙外临众濮川河有一披水屋廊，三间，明间临水装有飞来桥椅，东次间有墙体围护，墙上开漏窗。

罗来山宅

位于徽州区呈坎镇呈坎村前街，建于清代。坐西朝东，建筑面积143.85平方米。前进上下两对堂砖木结构二层建筑。后进三间，明间为厅，长条砖铺地，两次间木板装房。楼上向天井每间正中，双开格子门。

罗来胜等宅

位于黄山区三口镇联中村高桥组，建于晚清。占地面积260平方米，高约5.5米。三进三开间。木架结构穿斗式。斜方格纹饰，水门汀地面，地沟式天井，板壁墙，天棚望砖，中柱直接到顶。

罗青益宅

位于徽州区呈坎镇呈坎村溪东街，建于清代。坐东朝西，建筑面积216.4平方米。二进三开间楼房。前进厅堂抬梁式梁架，矩形梁，大方砖斜铺地。后进厅堂三开间，明间为客厅，两次间为住房，明间大方砖正铺地。两庑有隔扇门装修，东庑设楼梯由东向西登楼，西庑有门通往厨房。楼梯井口有栏杆和盖板，楼上地板之上铺大方砖。楼上是走马楼，楼下格子门和窗格保存较完整。2001年作为呈坎村古建筑群的组成部分被列为全国重点文物保护单位。

罗荣林宅

位于徽州区西溪南镇西溪南村东红组，建于清代。坐东北朝西南，建筑面积189.87平方米。二进三开间二层建筑。门厅两披水向天井，三间平房，明间厅兼过道，两边房。上堂三间有楼，明间为厅，两次间为房。楼上三间分割。

罗润坤宅

位于徽州区呈坎镇呈坎村前街，建于明代中期。坐西朝东，建筑面积136.94平方米。二进三开间带天井四合式二层建筑。底层明间为过厅，设二道门，后进明间为厅，前后进边间为厨房，方格五抹头隔扇窗，三层雕花窗栏板。典型『四水归明堂』天井池，楼梯架南廊，后进楼厅抬梁式梁架，临天井设弧形靠椅，前进为四厢房，上置搁栅，暗三层。2001年作为呈坎村古建筑群的组成部分被列为全国重点文物保护单位。

罗石秋、罗祖应宅

位于歙县北岸镇呈村降村呈西组，建于清代。坐北朝南，二进三开间楼房。通面阔10.7米，通进深9.4米，占地面积100.58平方米。砖木结构二层建筑。大门有门楼无砖雕，内有少量木雕。

罗时根宅

位于徽州区呈坎镇呈坎村孙家巷，建于清代。坐西朝东，建筑面积96.77平方米。原前进正屋已毁，现加砌了围护墙，施简易门罩并与后进原楼屋连接。底层明间为厅，施月梁，丁头拱，楼梯架照壁后，楼上芦苇墙装修，施双步梁构造，平盘斗八角形。2001年作为呈坎村古建筑群的组成部分被列为全国重点文物保护单位。

罗时驹宅

位于黄山区谭家桥镇长罗村罗家组，建于晚清。占地面积343.38平方米。二进三开间。穿斗式构架，水门汀地面，平铺式天井。宅前有院，院门楼、影壁墙上书有『福』字。有斜撑8个，梁袱4个。

罗时抗宅

位于徽州区呈坎镇呈坎村前街78号，建于清代。坐西朝东，建筑面积93.31平方米。一脊翻两堂前店后院二层建筑。前进无天井，三间显厅原为开店用。脊后为正屋三间，明间为厅，两次间为房，柱头有和合二仙斜撑。楼上三间。

罗时淼宅

位于黄山区谭家桥镇长罗村罗村组，建于晚清。占地面积111.36平方米。二进三开间，穿斗式构架。木框架基本完整，墙体风化严重。三次重建，有格子门窗2副，水门汀地面已损坏。

罗时祥宅

位于徽州区呈坎镇呈坎村溪东街，建于清代。坐东朝西，建筑面积117平方米。二进三开间带天井二层建筑。大门开在东西庑内，下堂为小三间，明间为厅，两边辟为小房。天井狭长，两庑有雨披。东庑开大门，西边开小门通往厨房。大堂三开间，明间为厅，两次间为住房。大方砖斜铺地，梁架无雕作，靠天井檐口为双重檐，有飞椽和长条塑板。2001年作为呈坎村古建筑群的组成部分被列为全国重点文物保护单位。

罗时照宅

位于徽州区呈坎镇呈坎村南皇冠前，建于清末。坐东朝西，建筑面积165平方米。主楼三开间带二厢带天井。明间为厅，两厢房朝廊内开门，天井沿斜撑及窗扇均有雕刻。开边门，通过厨房出巷道。2001年作为呈坎村古建筑群的组成部分被列为全国重点文物保护单位。

罗水仁等宅

位于歙县金川乡合丰村里东山自然村，建于清代。坐北朝南，二进三开间砖木结构楼房。通面阔10.65米，通进深12.5米。正大门左边有耳门，有木雕狮子及花窗，梁柱28根，三面上楼，有天井、地漏等。

罗嗣海宅

位于徽州区呈坎镇呈坎村溪东街，建于明末。坐西北朝东南，建筑面积173.9平方米。正屋一脊翻两厅，前后两天井，正门施门廊形成三面围合的短墙。朝东向开边门通厨房。楼层较高，施单步梁构造，有月梁、丁头拱和平盘头。『品』字形楼厅，有祭祀神龛座，天井密方隔扇窗，两楼廊前饰三层窗栏板。2001年作为呈坎村古建筑群的组成部分被列为全国重点文物保护单位。

罗伟宅

位于徽州区呈坎镇呈坎村天灯巷，建于清末。坐西朝东，建筑面积127.75平方米。朝巷开大门，正面水平凹字墙。前进明间二道门为四皮门，楼梯架后进明间照壁后，北开边门临天井向隔扇皆为大玻璃窗，地面为青条砖铺筑。2001年作为呈坎村古建筑群的组成部分被列为全国重点文物保护单位。

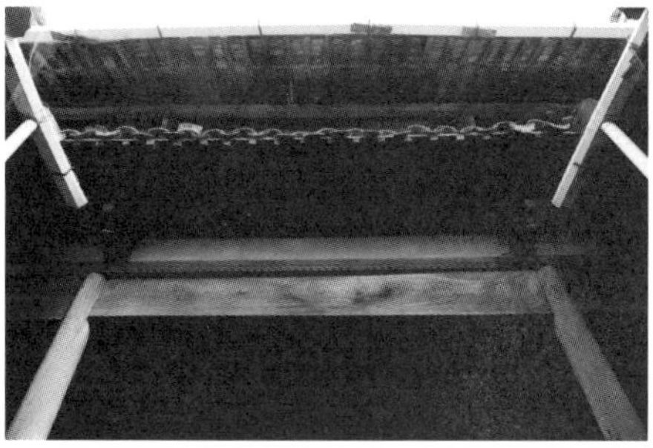

罗贤能宅

位于徽州区呈坎镇呈坎村西南，建于清代。坐西朝东，建筑面积113.6平方米。大门有雕刻门罩，设内门廊，一披水。主楼一脊翻两厅，前后两天井，前三间为厅，地面方砖直铺，设腰檐，后天井已封闭，楼梯架照壁后。2001年作为呈坎村古建筑群的组成部分被列为全国重点文物保护单位。

罗小明宅

原位于徽州区呈坎镇呈坎村，现存于潜口民宅明园，建于明嘉靖年间。原系明隆庆进士、万历佥都御史诰赠嘉议大夫罗应鹤住宅。底层五开间，利用三间采取抬梁式结构作为厅堂，以增大客厅面积，两梢间装修为卧室。二楼、三楼均为三开间，楼上与底层的柱网不对齐，三楼正厅设祀祖座，其余辟为卧室。底层的丁字拱雕琢成一只倒挂的鲤鱼，嘴里喷出浪花，整个部件全部镂空。1988年作为潜口民宅的组成部分被列为全国重点文物保护单位。

罗杏花宅

位于歙县三阳镇叶村，建于清代。二进三开间一明堂。通面阔6.9米，通进深14.95米，占地面积103平方米。前正堂后厢房，有院子、厨房，有木雕梁柁。

罗永宁宅

位于徽州区呈坎镇呈坎村钟英街，建于明代。坐西朝东，建筑面积126.54平方米。北廊内开边门向街。五开间四合式二层建筑。前边稍浅，为廊道。后进明间为厅，次、梢间为房，板壁及门扇为民国时期装修，有大玻璃窗。楼梯架照壁后，楼上一明间四暗间，有月梁和鹰嘴榫明建构造。2001年作为呈坎村古建筑群的组成部分被列为全国重点文物保护单位。

罗永祈宅

位于徽州区呈坎镇呈坎村钟英街，建于明代中期。坐西朝东，建筑面积143.76平方米。北边廊开小门通过一长8米过道至街，南廊朝巷开边门。底层五开间，三间为厅，施月梁，梁袱上置一斗三升拱、雀替，楼梯架照壁后。楼上一明间四暗间，地面铺方砖，装修有芦苇墙。2001年作为呈坎村古建筑群的组成部分被列为全国重点文物保护单位。

罗有来宅

位于歙县徽城镇南屏村忠堡自然村，建于清代。坐南朝北，一进三开间砖木结构二层建筑。通面阔7米，通进深6.25米，占地面积约44平方米。

罗跃林宅

位于黟县宏村镇宏村，建于清代。坐西朝东，占地面积44.28平方米，建筑面积88.56平方米，主体通面阔8.2米，通进深5.4米，三开间二层建筑。

罗智新宅

位于徽州区呈坎镇呈坎村钟英街至前街下巷，建于清代。坐西朝东，建筑面积315.92平方米。三开间带二厢四合式建筑。地面条砖铺地，明间为厅，边间为厢房，朝厅内开房门，临天井厢房窗扇部分被替换成玻璃扇。

罗子华等宅

位于歙县金川乡合丰村外东山自然村，建于清末。坐北朝南，占地面积125.66平方米。砖木结构，砖木石雕并存。门罩和屋内砖木雕保存较好。大门南边和西边有耳门，有梁柱、花窗、天井、地漏等。门楼保存完好。

罗子琴宅

位于徽州区呈坎镇呈坎村孙家巷，建于明代。坐西朝东，建筑面积70.36平方米。原建筑有前后两进，前进早年已毁，现仅存后进。前檐封砌砖墙，底层明间为厅，柱网甚密，在进深6.4米的明间缝上立有7根梭柱，仅前后金柱到底，其余只到楼板，置密搁栅。楼上五架梁上置雕花栌斗承童柱支三架梁，前后金柱，柱头支栌斗承檩条。2001年作为呈坎村古建筑群的组成部分被列为全国重点文物保护单位。

吕宝家宅

位于歙县昌溪乡昌溪村周邦头自然村，建于清代。坐西南朝东北，一进二开间。通面阔5.8米，通进深8.6米，占地面积49.88平方米。

吕标炳宅

位于歙县霞坑镇湖山村23号，建于清代。坐北朝南，二进三开间二层建筑。通面阔9.3米，通进深12.4米，占地面积112平方米。大门有砖雕门楼，内部梁架简单，雀替、梁柁等构件有雕刻。

吕川样宅

位于绩溪县长安镇冯村，建于清代。坐东北朝西南，占地面积170平方米。硬山式屋顶，外砌封火墙，抬梁穿斗并用式梁架，方砖地坪，中设天井，撑拱承挑出檐，檐部装置裙板及方格网花心矮窗。上下对堂，二楼通转。大门开在南檐墙中部，设三级条石台阶，石质门框，上方为垂花式门罩，采用高浮雕、开光等技法镌刻山水、人物、吉祥动物等，并书有『大夫第』字样。内装饰构件撑拱、雀替、隔扇雕刻精美，艺术价值较高。

吕福来等宅

位于歙县坑口乡坑口村芳坑自然村，建于清代。坐北朝南，二进三开间四合式上下对堂砖木结构楼房。通面阔11.4米，通进深20.2米，占地面积214.32平方米。楼有柱撑、槛窗、窗衣、两厢隔扇，楼檐装槛门。门楼牌坊式，院内门亭、砖木雕刻精美细致。

吕观遂等宅

位于歙县三阳镇叶村，建于明末。二进三开间一明堂二层建筑。通面阔9.3米，通进深21.86米，占地面积203.3平方米。门楼有砖雕，内存一牌匾，字迹已毁。院子较大。

吕继泽宅

位于歙县北岸镇瞻淇村082号，建于清代。坐北朝南，二进三开间。通面阔8.8米，通进深16.7米，占地面积147平方米。有部分木雕。

吕金娣宅

位于徽州区西溪南镇西溪南村胜利组，建于清代。坐南朝北，建筑面积135.36平方米。三开间上下两对堂二层建筑。明间为厅，两次间为房，楼上走马楼，沿天井一圈每间正中装格子门，屋面无望砖。

吕金女宅

位于歙县徽城镇渔梁街135号，建于清末。坐北朝南，三进砖木结构二层建筑。通面阔6.6米，通进深9.4米，占地面积62平方米。地面铺砖。

吕锦文宅

位于歙县徽城镇新南街中山巷16号，建于清代。坐西南朝东北，三进三开间。通面阔9.8米，通进深11.8米，占地面积约116.5平方米。前有门套，门窗有简单木雕，天井开阔，大厅宽敞，柱子粗大，下有石礅。

吕俊大等宅

位于歙县金川乡中源村四组，建于清代。坐西朝东，上下堂有厢房。面阔6.4米，进深5.9米，占地面积75平方米。

吕来顺宅

位于黄山区三口镇白果树村老九组，建于清代。二进三开间跑马楼式建筑，底高楼低。占地面积111.32平方米，高约5.5米。该宅柱多为白果木，梁、椽、望板多为松木、杉木。木架结构穿斗式，斜方格纹水门汀地面，地沟式天井，板壁墙，天棚望砖，封檐望板。

吕联合宅

位于歙县王村镇王村上店自然村17号，建于清代。通面阔8.9米，通进深8.55米，院子深4米，占地面积111.7平方米。北门临街，现前进改为院子。现为一进三开间砖木结构二层建筑。

吕亮明宅

位于歙县徽城镇渔梁街229号，建于清末。坐北朝南，通面阔3.65米，通进深10.2米，占地面积37.23平方米。圆柱横梁支撑，墙体被重新粉刷。

吕能新宅

位于歙县三阳镇茬头村，建于清代。坐东北朝西南，二进三开间楼房。通面阔9.2米，通进深9米，占地面积82.8平方米。大门有门楼，水磨砖砌筑，内部雀替、梁柁等构件有雕刻。

吕瑞煌宅

位于歙县金川乡中源村一组，建于清代。坐东朝西，通面阔10.4米，通进深11米，占地面积114.4平方米。上下堂都装有厢房。除部分木雕损坏，其余保存较好。

吕腾高宅

位于婺源县许村镇上汾水村，本名『大夫第』，建于清代。坐北朝南，徽派砖木结构三层建筑。面阔8.2米，进深14.4米，占地面积约120平方米。内设四披水檐天井。堂前墁青石板，厢房铺设木地板。花窗雕刻保存较完好。主屋前有小院，后有厨房，整体紧凑而简洁。2005年被列为婺源县重点文物保护单位。

吕文霞宅

位于屯溪区新潭镇长林村，建于清代。坐北朝南，一进三开间砖木结构二层建筑。占地面积77.85平方米。进门即东厢，两厢无隔断，天井及明间地坪均由红石板铺砌。楼下全部为木皮门装修，楼城皮门装修，坎上小格子门。屋面有望板。

吕有发宅

位于休宁县五城镇月潭行政村西北侧，建于清代。坐北朝南，呈四合式布局。占地面积100平方米。门罩砖雕花卉、瑞兽，柱础方形，雀替雕花卉、如意，斜撑雕花卉，木隔扇窗饰方格。

吕正富、吴正利宅

位于歙县北岸镇五渡村，建于清代。坐北朝南，一进三开间。通面阔9.7米，通进深9.25米，占地面积89.73平方米。内外有门楼，外门楼有少量砖雕，内有诸多木雕，较精美。

吕正仁宅

位于屯溪区新潭镇长林村，建于清代。占地面积108.58平方米。一进三开间砖木结构二层建筑。天井沟三面花岗岩石板铺砌，东厢有门通原厨房，西厢有门通户外，上堂三间，檐口上、下堂四柱柱头有夔龙斜撑。楼上三间两阁对堂厢，两厢和下部隔扇尚在。

吕支援宅

位于屯溪区新潭镇长林村，建于清代。坐东朝西，三开间二阁厢砖木结构二层建筑。占地面积100.28平方米。进门有一披水，天井狭长，两厢各有门通往户外。天井和堂屋地坪全用红紫石铺砌。明间为厅，两次间为住房。楼上三开间二阁厢。全部木皮门装修。

吕志伙等宅

位于歙县金川乡中源村四组，建于清代。坐北朝南，通面阔10.3米，通进深13.6米，占地面积140平方米。上下堂装有厢房。

履福堂

位于黟县西递镇西递村，建于清乾隆年间。著名书画收藏家胡积堂故居。坐东朝西，通面阔9.1米，通进深14米，占地面积204平方米，建筑面积311平方米。前后三开间三层建筑。前厅冬暖，后厅夏凉，中间用太师壁相隔。有前、后天井，作为厅堂采光通风之所。后厅天井有1米多高的清石鱼池，两旁各有12扇莲花门，满雕花卉、飞禽走兽。每扇门中段雕有《十二孝图》。2001年被列为全国重点文物保护单位。

虑得堂

位于婺源县浙源乡虹关村，建于清代。占地面积320平方米。一进三开间走马楼式建筑。系清初詹成圭为其第四个孙子詹淳（号古愚，制墨名家）而建。大门为石库门坊，有水磨青砖雕刻门罩，工艺精湛。大门内设有仪门，四披水天井，两侧廊道也辟为房间，所以一层有五间卧房。有门廊通东侧余屋，为带天井的客馆和厨房。2005年被列为婺源县重点文物保护单位。

马家大屋

位于祁门县祁山镇北街社区北大街17号，原系徐家祠堂（一进式建筑），后马家购入居住，并增设二进宅居。现存建筑坐东朝西，三进三开间。前后有天井，石板铺地，斗拱式斜撑。民国时期，于该屋北侧建马家新屋1幢，徽派砖木结构二层建筑。通进深36.8米，通面阔29.2米，占地面积1074平方米。

马木伪宅

位于歙县雄村镇山下村富岱组，建于清代。坐北朝南，一进三开间。通面阔9.7米，通进深8.52米，占地面积82.56平方米。有格子花窗，有石础，二楼有厢房。

马廷鸾宅

位于婺源县赋春镇甲路村，建于明代。明丞相马廷鸾逸居之所。三进三开间，左右侧均有客馆。面阔12米，进深13米，占地面积160平方米，高8米。厅前有深沟天井，明间有高覆盆木磉，方砖墁地。2005年被列为上饶市重点文物保护单位。

马湘云宅

位于祁门县祁山镇西街社区坑下22-17号，建于清代。坐西朝东，一进三开间徽派砖木结构二层建筑。通面阔10米，通进深9.1米，占地面积91平方米。前有院子，院南侧建有厢房，正屋砖雕门罩，前设天井采光通风，屋内月梁、斜撑、雀替、隔扇等雕刻保存较好。

毛应辉宅

位于歙县徽城镇鲍川村鲍家庄自然村，建于清代。坐南朝北，通面阔7.75米，通进深8米，占地面积56.3平方米。砖木结构。

毛智溥宅

位于歙县徽城镇渔梁街，建于清代中期。坐北朝南，通面阔10.5米，通进深12.2米，占地面积128平方米。二层建筑，有天井，楼上格子窗。曾改建。

毛忠华等宅

位于歙县徽城镇紫阳村，建于清代。坐南朝北，一进三开间砖木结构二层建筑。通面阔5.85米，通进深7.55米，占地面积44.2平方米。

冒华居

位于黟县宏村镇宏村，建于清乾隆年间。占地面积155平方米。坐北朝南，除正厅和后门外，均为不规则的边厅。内部有石雕漏窗及花卉、人物木雕，保存较为完整。2001年被列为全国重点文物保护单位。

懋德堂

位于婺源县江湾镇汪口村李家巷，建于清乾隆六十年（1795）。占地面积约250平方米，三进五开间。东北面有一『绣楼』。房屋规模宏大，装饰豪华气派，砖雕、石雕、木雕精美。建造者为俞理臣，中举后弃官为商，享有『业至三省，家无白丁』的美誉。有婺源『东门出城第一家』之谓。2005年被列为婺源县重点文物保护单位。

懋德堂

位于歙县杞梓里镇小源村，建于清代。坐东北朝西南，二进三开间。通面阔7.8米，通进深12米，占地面积93.6平方米。青石门框，饰以砖雕门楼。

懋德堂

位于歙县霞坑镇金山村六组，建于清末。坐北朝南，一进三开间。通面阔9.6米，通进深8.4米，占地面积80.6平方米。有楼。大门有门罩，门罩砖雕被破坏。正堂两边厢房各两间，楼上亦有厢房，前有天井。两侧走廊扁梁完好，雕刻简略。

梅大子宅

位于歙县上丰乡上丰村祁家巷，建于清末。坐北朝南，二进三开间二层建筑。通面阔9.95米，通进深8.9米，占地面积88平方米。天井两厢雕花屏门装隔，梁头有天官等人物雕刻。

梅和南等宅

位于歙县许村镇跳石村东风组，建于清代。坐东朝西，二进三开间二层建筑。通面阔10.8米，通进深13.8米，占地面积149.04平方米。有天井，楼梯倒塌，木雕简单，格子窗尚存。

梅和岩等宅

位于歙县许村镇跳石村跳石组，建于清代。坐北朝南，二进三开间楼房。通面阔10.34米，通进深13.95米，占地面积144.2平方米。有天井，后进两面板壁已拆，前进楼上开天窗，部分木雕保存。大门门楼被破坏。

梅金耀等宅

位于歙县许村镇跳石村东风组，建于清代。坐北朝南，一进三开间楼房。通面阔9.2米，通进深8.9米，占地面积81.9平方米。有天井，东面墙倒塌，格子门简单。

梅为民等宅

位于黄山区仙源镇直街，建于清代。占地面积142平方米。一进五开间。木架结构穿斗式，内为水门汀地面，平铺式天井。有斜撑6个，格子窗2副。

梅跃进、梅和锦宅

位于歙县许村镇跳石村跳石组，建于清代。坐北朝南，一进三开间带二厢楼房。通面阔10.2米，通进深8.5米，占地面积86.7平方米。主要构件已拆除，有简易门楼。

闵口村96号宅

位于屯溪区黎阳镇闵口村，建于清代。占地面积约153平方米。坐北朝南，一进三开间砖木结构四合式二层建筑。穿斗式构架，硬山式屋顶。明间为厅，次间为厢房，厅堂和天井均石板铺地，无落差，厢房棂窗雕花装饰，木板铺地。

明德堂

位于歙县霞坑镇洪琴村148号，建于清代。坐西北朝东南，二进三开间二层建筑。通面阔12.3米，通进深11米，占地面积135平方米。内部斜撑、窗栏、雀替等构件有雕刻，内容为狮子、花草等。木雕基本完好。

明德堂

位于黟县宏村镇宏村，建于清光绪年间。坐北朝南，三开间二层建筑。占地面积128平方米，建筑面积184平方米。主体通面阔10米，通进深7米。建筑门楼、窗、莲花门保存完好。

明训堂

位于婺源县思口镇延村，建于清代末年。占地面积280平方米，为三连幢古宅。其主人金永俅与著名铁路工程师詹天佑的祖父詹世鸾一起通过广州『十三行』，直接和外国人做绿茶生意。2006年被列为婺源县重点文物保护单位。

明义堂

位于歙县杞梓里镇杞梓里村，『承庆堂』支祠，建于清道光年间，宣统二年(1910)重建。坐东北朝西南，二进三开间。通面阔9.7米，通进深19.6米，占地面积190.12平方米。有二柱单间单楼式砖雕门楼。

明远堂

位于歙县霞坑镇金山村，建于清末。坐西朝东，一进三开间二层建筑。占地面积225平方米。前有天井和小院。大门有门罩，门罩砖雕精致，大门上方书『尚庐』二字。正堂有月梁，两边为厢房，门窗花雕，工艺精致，墙围石雕亦栩栩如生。木雕多佚失。

『模山范水』民居

位于歙县北岸镇北岸村，建于清代。坐北朝南，三进三开间。通面阔11.8米，通进深17.75米，占地面积209.45平方米。有砖雕、木雕、石雕，其中木雕极其精美，上方有『模山范水』字样。现为北岸村敬老院。

茉莉山庄

位于歙县坑口乡瀹源村汪村自然村，建于清代。坐西北朝东南，二进三开间砖木结构二层建筑。通面阔10.65米，通进深14.24米，占地面积152平方米。大门有门楼，内部梁架简单，窗栏等雕刻精美。

牟桂霞宅

位于歙县郑村镇稠墅村三组，建于清代。坐北朝南，二间房，每间一进三开间。通面阔18米，通进深15.5米，占地面积279平方米，高4米。大门石框，有门罩，有天井，有通气窗。西间有格子门窗，地砖铺地。门楼砖雕被破坏。

木商客馆

位于婺源县思口镇上龙腾村，建于清代末期。占地面积100平方米。一层两进，圆门左右两侧上方有花窗，透气采光。客馆内部为三开间，梁枋木雕图案为戏曲人物、花鸟梅桃，为深刻空雕，栩栩如生，雕刻之精美令人叹为观止。2005年被列为婺源县重点文物保护单位。

南墙

位于徽州区潜口镇潜口村胜利组，建于清代。坐西南朝东北，建筑面积171.36平方米。上下对堂小四合二层建筑。进门为门厅，上堂三间，明间为厅，两次间为房。楼上走马楼，三间分割，明间为厅，次间为房。

南园

位于歙县郑村镇郑村七组，建于清代。坐北朝南，通面阔12.9米，通进深13.56米，占地面积175平方米。二层建筑。新安医学代表人物之一郑梅涧故居。有天窗，天井左右有厢房，厢房格子门，楼上存格子门。

倪国梁宅

位于歙县雄村镇雄村山根组，建于清代。坐南朝北，一进三开间二层建筑。通面阔7米，通进深6.33米，占地面积44.31平方米。

倪国强宅

位于黟县碧阳镇郭门社区，建于清代中期。堂名『新成堂』。坐西朝东，开间26.6米，进深16.45米，占地面积283.3平方米。三开间带二厢上下堂中天井砖木结构二层建筑。木构架、木装修及隔扇、楼行栏杆制作较好，窗罩雕刻及门楼雕刻精致。

倪合友宅

位于歙县富堨镇承狮村五组，建于清代。坐北朝南，一进一开间二层建筑。通面阔5.75米，通进深7.4米，占地面积42.6平方米。

倪克强宅

位于祁门县渚口乡渚口村下街组，建于清末。坐北朝南，三开间前后厅徽派砖木结构二层建筑。通面阔9.8米，通进深12.9米，占地面积126平方米。砖雕门罩，前设天井，屋内无雕刻。

倪韶峰宅

位于祁门县渚口乡渚口村下街组，建于清代。坐西朝东，三开间前后厅回形徽派砖木结构二层建筑。通面阔9米，通进深10.8米，占地面积97平方米。屋内木雕斜撑保存较好。

倪寿发宅

位于黄山区三口镇联中村联中组，建于晚清。一进六开间建筑，为附属倚屋，占地面积189.376平方米，高约5米。木架结构穿斗式，水门汀地面，地沟式天井，板壁墙，天棚望砖，天井处有斜撑6个。

倪望勋宅

位于祁门县渚口乡渚口村下街组，建于清末。坐北朝南，三开间前后堂徽派砖木结构二层建筑。通面阔11.4米，通进深15米，占地面积171平方米。砖雕门罩，前后均设天井，屋内月梁、斜撑、隔扇、花窗等保存尚可。

倪望重宅

位于祁门县渚口乡渚口村，又名『新屋里』，是清同治十三年（1874）进士倪望重宅第，建于光绪十年（1884）前后。坐西朝东，占地面积1600平方米，大门承袭秦汉古制，建筑为徽式。包括1个『府厅』、6个『县厅』，又名『一府六县』。另有1个书屋、2个花厅，自成单元，布局得体。2004年被列为安徽省重点文物保护单位。

倪仙慧等宅

位于黟县碧阳镇郭门社区，建于清代。坐西朝东，开间11.6米，进深22.25米，占地面积258.1平方米。二进三开间带二厢二天井砖木结构二层建筑。木雕精美，且雕刻造型独特，门楼石雕较好，隔扇、横风窗、飞罩、楼行栏杆制作较好。

倪亚平宅

位于祁门县小路口镇花城村花二组，建于清代。坐西朝东，徽派砖木结构二层建筑。通面阔9.2米，通进深14米，占地面积129平方米。砖制门罩，前设天井，无大门，设边门进出，三开间前后厅，隔扇保存尚可。

倪有元等宅

位于黄山区谭家桥镇东黄山村留三组，建于清代。二进三开间，右厢有偏房。占地面积196.56平方米，高约5.5米。木架结构穿斗式，水门汀地面，平铺式天井。板壁墙，天棚望板，卷棚偷柱，两厢有阁楼。前天井上檐残存斜撑5个，后墙也有1天井。

倪庄生宅

位于黟县碧阳镇南屏村，建于清代。坐东朝西，开间10.45米，进深8.45米，占地面积88.3平方米。三开间带二厢有天井二层建筑。隔扇门窗、横风窗、飞罩、楼行栏杆等木装修保护较好，工艺较高，比较精致。

倪自强宅

位于祁门县渚口乡渚口村西组，建于清末。坐北朝南，一进五开间徽派砖木结构二层建筑。通面阔 14.2 米，通进深 8.1 米，占地面积 115 平方米。砖雕门罩，屋前设天井，人物、狮子木雕斜撑 10 只，隔扇、花窗等雕刻精致。

聂朝阳宅

位于徽州区潜口镇唐模村三组，建于清代。坐西北朝东南，建筑面积 134.23 平方米。三开间二阁厢砖木结构二层建筑。上堂三间，明间为厅，两次间为房，隔断砖竖砌，两次间朝天井开窗开门。楼上三间西厢与下层一样分割，有天花和望砖。

聂小坤宅

位于徽州区呈坎镇呈坎村三组（溪东街20号），建于清代。建筑面积80.36平方米。一进四开间楼房。梁架简单，矩形梁圆柱，墙体均为单墙，西边梢间为厨房。楼上东边第一间为住房，西边两间辟为住房，楼厅长条砖铺地。

宁家大院

位于屯溪区黎阳街61号镇福利院内，建于清代。原为清光绪九年（1883）会元宁本瑜（官至江苏候补道）起居。占地面积527平方米。砖木结构，中间为三开间走马楼，东西两侧各为三开间二层建筑。穿斗式构架，硬山式屋顶。整体髹以朱漆，排窗、雀替等雕花装饰。

宁远堂

位于歙县北岸镇瞻淇村，建于清初。坐北朝南，三进三开间楼房。通面阔8.2米，通进深23米，占地面积188.6平方米。前附三合式门屋，大门上有砖雕垂花门罩，有瑞兽、花草、云纹。2006年被列为歙县重点文物保护单位。

牛春子等宅

位于黄山区三口镇湘潭村湘潭组，建于清末。占地面积117.65平方米，高约5.5米。二进二开间店铺。木架结构穿斗式，水门汀地面，板壁墙，前后均有阁楼。

牛守坤宅

位于绩溪县瀛洲镇汪村175号，建于清代晚期。坐北朝南，占地面积100平方米。一进三开间二层建筑。前檐檐部设一天井，撑拱承挑出檐，抬梁穿斗并用式梁架，硬山式屋顶，三合土地坪，外砌封火墙，梁架和基础较好。室内的木雕构件雕刻精美。

农中学校

位于黄山区三口镇湘潭村，建于晚清。四进七开间，两侧均有五进偏房。占地面积1052.5平方米，高约7米。木架结构穿斗式，水门汀地面，地沟式天井，板壁墙，天棚卷棚望砖。

欧阳爱兰宅

位于黟县碧阳镇碧山村碧西组，建于清代。坐北朝南，开间9.95米，进深7.6米，占地面积75.6平方米。二进三开间带二厢有天井二层建筑。大门门楼、隔扇门窗、横风窗等木雕构配件保存较好。

潘长寿宅

位于黟县碧阳镇关麓村潘村组，建于清代。坐北朝南，开间9.75米，进深8.8米，占地面积85.8平方米。三开间砖木结构二层建筑。木构架承重，木构配件、隔扇等制作较好，砖门楼雕刻精美，保存一般。

潘春波等宅

位于歙县三阳镇木岭村，建于清代。坐东北朝西南，一进三开间。通面阔8米，通进深11米。有楼，雕花窗。

潘大力宅

位于黟县碧阳镇麻田社区，建于清代。坐北朝南，开间9.85米，进深7.7米，占地面积75.8平方米。三开间带二厢有天井砖木结构二层建筑。有隔扇、横风窗、飞罩、构配件等。

潘冬生等宅

位于歙县三阳镇木岭村，建于清代。坐东北朝西南，二进三开间楼房。通面阔10.4米，通进深12米。有花窗。

潘富时宅

位于歙县三阳镇竹铺村，建于清代。一进三开间二层建筑。通面阔6.2米，通进深8.8米，占地面积54.56平方米。有砖画、木雕梁柁。

潘国平宅

位于黟县宏村镇屏山村，建于清末。坐北朝南，开间9.68米，进深9.05米，占地面积87.6平方米。三开间带二厢二层建筑。前后天井，左厢侧耳门通外巷路，右厢通厨房。

潘和琴宅

位于黟县碧阳镇古黄村古筑组，建于清代。坐北朝南，开间9.15米，进深6.7米，占地面积61.3平方米。三开间带二厢有天井砖木结构二层建筑。

潘恒培宅

位于歙县北岸镇大阜村，建于清代。坐东朝西，一进三开间。通面阔7.1米，通进深9.75米，占地面积69.23平方米。门楼有砖雕，内有少量木雕。

潘恒全等宅

位于歙县三阳镇木岭村092号，建于清代。坐东北朝西南，二进三开间。通面阔9.2米，通进深10.9米。大门有门楼，有简易砖雕，内部无雕刻。

潘恒炎等宅

位于歙县三阳镇珠川村，建于清末。坐西朝东，二进三开间。通面阔8.5米，通进深12.56米，占地面积106.76平方米。有徽派门楼，门楼上有砖雕。有窗头花，室内有天井木雕。后进两层。

潘宏辉宅

位于黟县宏村镇龙江村上轴组，建于清末。坐北朝南，开间10.45米，进深8.7米，占地面积90.9平方米。三开间有天井二层建筑。左侧门为入口，并通厨房，照壁后上楼。三合土地坪。木构架、装修保存完整。

潘华东、潘和平宅

位于歙县北岸镇白杨村上祈自然村，建于清代。坐北朝南，二进三开间。通面阔9.2米，通进深12.75米，占地面积117.3平方米。内有部分木雕。

潘华吉宅

位于歙县森村乡公园村，建于清末。坐西朝东，通面阔9米，通进深8.5米，占地面积76.5平方米。有砖木雕刻。

潘华喜、潘建三宅

位于歙县北岸镇白杨村汪村自然村，建于清代。坐西朝东，一进三开间。通面阔9.7米，通进深8.2米，占地面积79.5平方米。门楼有砖雕，较独特，内有木雕，较精美。

潘纪恩宅

位于婺源县中云镇坑头村，建于清光绪年间。占地面积约280平方米，二进二层建筑，侧有余屋及小院。高大石库门，水磨青砖门楼，砖雕图案精美。正堂宽大，中天井浅坑，走马楼。正堂中间有1块『团圆石』。2005年被列为婺源县重点文物保护单位。

潘家禄等宅

位于歙县北岸镇大阜村，建于清代。坐西朝东，二进三开间。通面阔12.75米，通进深10.5米，占地面积133.88平方米。有门楼，无砖雕，内有诸多木雕，较精美。

潘家阮宅

位于歙县北岸镇大阜村，建于清代。坐北朝南，三进三开间。通面阔9.25米，通进深20.6米，占地面积190.55平方米。门楼有诸多砖雕，较精美。内有部分木雕。

潘建平宅

位于黟县碧阳镇关麓村潘村组，建于清代。坐北朝南，开间9.5米，进深7.8米，占地面积74.1平方米。三开间带二厢砖木结构二层建筑。木构架承重，木构配件及隔扇门窗、砖门楼制作较好。

潘金宝等宅

位于歙县三阳镇高峰村王家庄河边，建于清代。坐东北朝西南，一进三开间砖木结构二层建筑。通面阔6.3米，通进深9.45米，占地面积59.5平方米。有砖雕门楼，马头墙，有后门。

潘金宝宅

位于歙县桂林镇西坑村六组，建于清代。坐东朝西，一进三开间砖木结构二层建筑。通面阔5.45米，通进深5.45米，占地面积29.7平方米。内部有雕刻。

潘进喜宅

位于歙县许村镇许村前溪自然村，建于清代。坐北朝南，一进三开间。通面阔8.9米，通进深8.5米，附属占地面积16平方米，总占地面积92平方米。原为四合式楼房，后改建。现仅存后进，无雕刻。

潘菊花等宅

位于歙县三阳镇竹源村，建于清代。坐东南朝西北，通面阔10.3米，通进深7.9米，占地面积81.37平方米。一进三开间二层建筑。

潘楷杰宅

位于歙县北岸镇大阜村，建于清代。坐北朝南，一进三开间。通面阔10.6米，通进深7.15米，占地面积75.79平方米。门楼被改造严重，无砖雕。内有诸多木雕，较精美。

徽州文物图录

潘楷树等宅

位于歙县三阳镇浩川村，建于清代。坐东北朝西南，二进三开间二层建筑。通面阔10.55米，通进深12.8米，占地面积135平方米。有门楼及门楼墙画，有木雕梁枪。

潘楷伟等宅

位于歙县三阳镇高峰村王家庄自然村，建于清末。坐东朝西，砖木结构二层建筑。通面阔7.1米，通进深8.3米，占地面积59平方米。有屏风。

潘楷正宅

位于歙县北岸镇大阜村，建于清代。坐东朝西，一进三开间。通面阔11米，通进深5.85米，占地面积64.35平方米。门楼无砖雕，内有少量木雕。

潘礼清等宅

位于歙县三阳镇木岭村，建于清代。坐东北朝西南，二进三开间二层建筑。通面阔8.95米，通进深9.1米。大门有简易门楼，内部雀替、窗栏等构件有雕刻。

潘六一等宅

位于歙县三阳镇高升村燕窠自然村，建于清末。坐北朝南，一进三开间二层建筑。通面阔6.1米，通进深9.05米，占地面积55.21平方米。有墙画。一进大堂，后进厢房两间，正中有屏风。

潘明经宅

位于歙县桂林镇西坑村，建于清代。坐东朝西，一进三开间砖木结构二层建筑。通面阔9.5米，通进深6.8米，占地面积64.6平方米。有简易门楼。

潘明权宅

位于歙县桂林镇西坑村，建于清代。坐西朝东，一进三开间砖木结构楼房。通面阔9.1米，通进深5.8米，占地面积52.8平方米。

潘尼山宅

位于歙县三阳镇岭脚村，建于清代。坐东朝西，二进三开间楼房。通面阔8.35米，通进深11.3米，占地面积94平方米。门楼有砖雕，用泥覆盖，门楼略有破坏。内部略有雕刻。

潘念祖等宅

位于歙县三阳镇浩川村，建于清代。坐东朝西，通面阔13.75米，通进深10.2米，占地面积140平方米。大门有简易门楼，有砖雕。

潘平安宅

位于黟县碧阳镇古黄村黄村组，建于清代。坐西朝东，开间10.3米，进深8.85米，占地面积91.2平方米。三开间带二厢有天井二层建筑。天花板有彩绘，隔扇、横风窗等制作精致，砖雕门楼保护较好。

潘日生宅

位于歙县三阳镇高升村燕窠自然村，建于清代。坐北朝南，一进三开间楼房。通面阔6.25米，通进深7.85米，占地面积49.06平方米。内有木雕。

潘荣福宅

位于歙县北岸镇大阜村，建于清代。坐东朝西，一进三开间。通面阔7.1米，通进深9.75米，占地面积69.23平方米。门楼有砖雕，内有少量木雕。

潘润霖宅

位于黟县碧阳镇南屏村，建于清代。坐西南朝东北，开间8.65米，进深6.5米，占地面积56.2平方米。三开间带二厢有天井二层建筑。砖木结构，木构架承重。

潘绍树等宅

位于歙县北岸镇大阜村，建于清代。坐南朝北，三进三开间。通面阔9.6米，通进深22.4米，占地面积215.04平方米。门楼有诸多砖雕，内有诸多木雕，皆较精美。有少量石雕。

潘双根宅

位于黄山区仙源镇弦歌村岘塔组，建于清代。占地面积112平方米。二进三开间，木架结构穿斗式，水门汀地面，平铺式天井，前后二进均为阁楼，有简易斜撑8个。

潘水牛等二号宅

位于歙县三阳镇浩川村潘家祠堂西，建于清末。坐北朝南，二进三开间。通面阔7.07米，通进深14.13米，占地面积99.9平方米。前有大坦，室内高，有明堂，暗三层，西侧及后进均可上楼，无木雕。

潘水牛等一号宅

位于歙县三阳镇浩川村，建于清代。坐北朝南，二进三开间二层建筑。通面阔10.64米，通进深14.08米，占地面积150平方米。两边及屏风后上楼，有明堂，木雕梁柁及木雕窗门众多。

潘顺祖等宅

位于黟县碧阳镇横岗村，建于清末。坐北朝南，开间11.25米，进深14.7米，占地面积165.4平方米。二进三开间一天井二层建筑。木构架基本完好。

潘四福宅

位于歙县北岸镇白杨村汪村自然村，建于清代。坐南朝北，一进三开间。通面阔9.4米，通进深8.7米，占地面积81.78平方米。有部分木雕。

潘伍中宅

位于歙县北岸镇大阜村，建于清代。坐北朝南，二进三开间。通面阔14.5米，通进深12.1米，占地面积175.45平方米。门楼有砖雕，内有诸多木雕，较精美。

潘新兵等宅

位于黟县碧阳镇柏山村潘村组，建于清代。坐北朝南，开间10米，进深21.35米，占地面积213.5平方米。二进三开间二天井砖木结构二层建筑（前后进为上下厅中天井）。

潘新民等宅

位于歙县三阳镇高峰村王家庄自然村，建于清代。坐东北朝西南，二进一明堂二层建筑。通面阔8.65米，通进深12.5米，占地面积108.13平方米。砖雕门楼，两侧倒塌。地板霉烂。

潘新民宅

位于黟县碧阳镇柏山村潘村组，建于清代。坐北朝南，开间10米，进深13.8米，占地面积138平方米。三开间上下厅中天井砖木结构二层建筑。

潘行建宅

位于歙县北岸镇白杨村汪村自然村，建于清代。坐西朝东，前有小院。占地面积43.71平方米。主屋三进三开间。通面阔9.4米，通进深23.2米，占地面积218.08平方米。前门楼无砖雕，侧二门楼有砖雕，较精美。内有诸多木雕，雕刻精美。

潘杏香等宅

位于歙县三阳镇浩川村，建于清末。一进五开间二层建筑。通面阔9.15米，通进深11.4米，占地面积104.3平方米。有门楼，有砖雕，室内无木雕。

潘宜鸾宅

位于黟县西递镇西递村，建于清代。主体通面阔8.4米，通进深5.7米，占地面积108.7平方米。三开间二层建筑。

潘永忠等宅

位于歙县三阳镇浩川村，建于清代。坐东朝西，二进三开间一明堂二层建筑。通面阔9.3米，通进深12.97米，占地面积118.5平方米。有门楼和砖雕。

潘云根、潘松柏宅

位于歙县北岸镇大阜村，建于清代。坐北朝南，二进三开间。通面阔10.6米，通进深12.95米，占地面积137.27平方米。门楼砖雕精美。内有部分木雕、窗雕，亦精美。

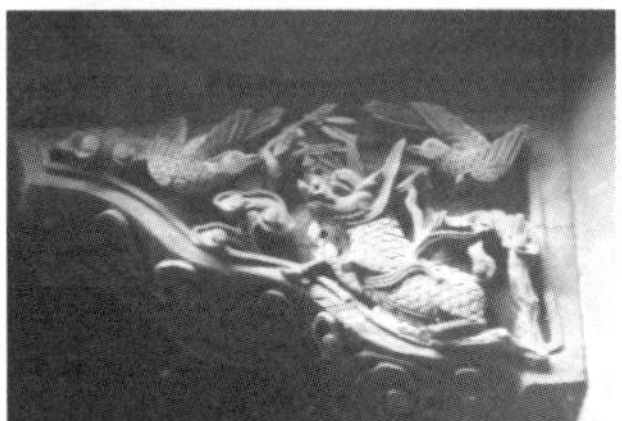

潘灶保宅

位于婺源县中云镇坑头村，建于明代。坐东朝西，二进砖木结构二层建筑。占地面积120平方米。由前厅、后堂组成。大门门拱砖砌，青石门槛正面雕刻有祥云图案，非常少见。前厅青砖铺地，深坑天井，屋内梁枋、雀替木雕简洁。2005年被列为婺源县重点文物保护单位。

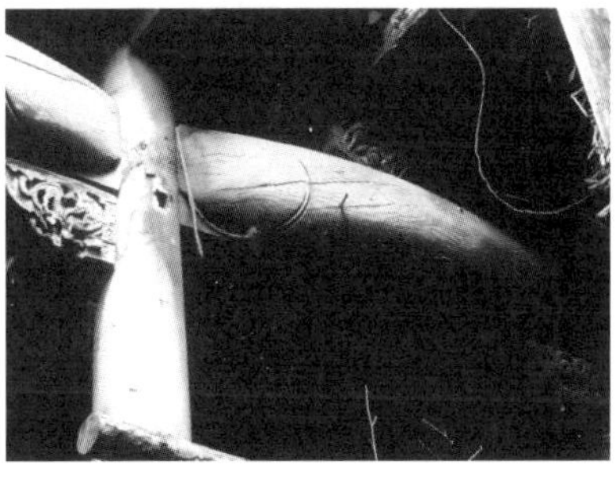

潘灶林、潘家书宅

位于歙县北岸镇大阜村，建于清代。坐北朝南，一进三开间。通面阔6.6米，通进深8.45米，占地面积55.77平方米。门楼有部分砖雕。屋内有部分木雕。

潘振改、潘振辉宅

位于歙县北岸镇大阜村，建于清代。坐东朝西，一进三开间。通面阔8.7米，通进深9.55米，占地面积83.09平方米。门楼有砖雕，内有诸多木雕，较精美。

潘振林宅

位于歙县北岸镇大阜村，建于清代。坐西朝东，一进三开间。通面阔9.5米，通进深7米，占地面积66.5平方米。有内外门楼，外门楼砖雕精美，内门楼无砖雕。内有部分木雕，斜撑雕刻精美。

潘振禧宅

位于歙县北岸镇大阜村，建于清代。坐南朝北，一进三开间。通面阔9.2米，通进深7.95米，占地面积73.14平方米。门楼有砖雕。内有诸多木雕，雕刻精美。其中，斜撑木雕尤为精美。

潘正蓉宅

位于歙县王村镇新安村潘村自然村，建于清代。一进三开间砖木结构二层建筑。通面阔10米，通进深10.1米，占地面积101平方米。大门朝南。双门楼，无砖雕，虎头瓦，有绘画。堂内倒塌严重，有2根小冬瓜梁，梁顶2块木雕。

潘政春等宅

位于歙县三阳镇浩川村，建于清代。坐东朝西，二层建筑。通面阔10米，通进深8.41米，占地面积84平方米。门楼有砖雕。

潘政生等宅

位于歙县三阳镇高升村燕窠自然村，建于清代。坐东北朝西南，一进三开间砖木结构楼房。通面阔8.7米，通进深6.75米，占地面积58.73平方米。内无木雕。

潘政庭等宅

位于歙县三阳镇浩川村，建于清代。通面阔21.15米，通进深8.6米，占地面积182平方米。二层建筑。3个厅堂，41个部房，1个明堂。有门楼、砖雕、墙画。

潘枝兰等宅

位于歙县徽城镇大梅口村，建于清代。坐南朝北，二进三开间。通面阔9.8米，通进深15.6米，占地面积约153平方米。上下堂，格子门窗，有冬瓜梁，天井较为开阔，两边有回廊，圆柱方墩，门楼有砖雕，照壁后还有1个照壁。

庞振华宅

位于黄山区谭家桥镇新洪村梓里组，建于清代。建筑面积134.64平方米，占地面积89.88平方米。一进三开间，属倚屋。此屋原属正房花厅，有2层阁楼，阁楼是全木质结构，有花窗1对，有望砖、天棚、月梁1对，斜撑4个。

培心堂

位于婺源县江湾镇江湾村，建于清光绪年间。占地面积280平方米。现属叶桂汉、江金桂宅。前进店面，中间厅屋，后进厨房。店面门楣上书『乐山安宅』，厅屋门楣上书『拱宸萃庆』，整体显得儒雅清秀。2005年被列为婺源县重点文物保护单位。

裴公厅

位于歙县三阳镇小岫村，建于清代。坐西北朝东南，一进三开间二层建筑。通面阔7.5米，通进深9米。大门有门楼，内部雀替、斜撑、梁柁等构件有雕刻。

彭春芹宅

位于徽州区西溪南镇琶村一组，建于清代。坐北朝南，建筑面积99.70平方米。一进三开间二层建筑。上堂三间，明间为厅，两次间为房，楼上三间，明间为厅，次间为房。屋面无望，壁后东边有门通往后院。

平政堂

位于休宁县萝宁街中国状元博物馆内。20世纪50年代初被毁，2005年在原址按其原貌恢复，作为状元博物馆主要展厅。整体建筑呈『工』字形，由平政堂、川堂、退思轩三部分组成。建筑面积400平方米。室内以52根主柱、56根大梁形成穿斗式梁架，木料为从加拿大进口铁杉、贝壳杉，总耗木材量达360立方米，由60多名能工巧匠，耗时9000多个工作日制作完成。2012年被列为休宁县重点文物保护单位。

璞真斋

位于黟县西递镇西递村，建于清代。坐西朝东，占地面积126平方米。通面阔10米，通进深12.6米，二进三开间二层建筑。

七间楼

位于歙县桂林镇江村，建于明末，清乾隆年间重修。又称恩褒双节门坊。坐西南朝东北，四柱三间五楼式，砖砌。宽8米，高9米。顶楼字匾上刻『圣旨』二字，两侧龙纹遭破坏；梁枋、柱头满刻锦纹；雀替、驼峰、博风等处雕刻的花鸟瑞兽极精细。字牌用砂岩制成，刻『恩褒双节』。2006年被列为歙县重点文物保护单位。

七间厅

位于歙县杞梓里镇磻溪村，建于清代。坐西朝东，二进三开间楼房。通面阔9.75米，通进深12.5米，占地面积约121.88平方米。太平天国时期火焚后重建，麻石门框，砖雕门楼。

齐贵久宅

位于婺源县浙源乡沱口村19号，建于清代。坐东南朝西北，二进三开间砖木结构。由小院、前厅、后堂、余屋组成。大门朝西北，水磨砖门面，有砖雕，局部有残损，厅堂内全铺青石。前厅中为浅天井，其四周梁枋、月梁、雀替布满雕饰，内容丰富。后堂一浅天井，梁枋、雀替有雕饰。建筑整体仍保持原有风貌，尤其厅内雕饰保存完好，具有较高的参考研究价值。2005年被列为婺源县重点文物保护单位。

祁德政宅

位于歙县上丰乡上丰村祁家巷，建于清末。坐西朝东，二进三开间。通面阔11.3米，通进深19.3米，占地面积216平方米。由两栋三开间两过厢主房组成。前后进上下堂有楼有厢房，两厢雕花屏门装隔，梁头有天官、龙凤、花草等木雕。

祁隆柱等宅

位于歙县上丰乡上丰村祁家巷，建于清代。坐西朝东，二进三开间楼房。通面阔9.45米，通进深10.3米，占地面积97.34平方米。上下堂有厢房，梁头、梁柁有人物、花果木雕。

祁润松宅

位于歙县上丰乡上丰村祁家巷，建于清代。坐西朝东，二进三开间。通面阔10.4米，通进深13.2米，占地面积137.28平方米。上下堂有厢房，大门有门楼。

祁小国宅

位于歙县上丰乡上丰村祁家巷，建于清代。坐西朝东，三开间二过厢楼房。通面阔10.15米，通进深8.5米，占地面积86.3平方米。

祁小平宅

位于歙县上丰乡上丰村祁家巷，建于清代。坐西朝东，二进三开间二层建筑。通面阔10.3米，通进深14.6米，占地面积150平方米。前有小院，门楼有砖雕，上下堂有厢房，天井两侧有廊，雕花屏门装隔。砖木雕的人物、花草形象逼真。

祁艳华宅

位于歙县上丰乡上丰村祁家巷，建于清代。坐西朝东，二进三开间楼房。通面阔9.5米，通进深16米，占地面积152平方米。2个天井，两侧有廊，内有冬瓜梁。

谦福堂

位于婺源县沱川乡理坑村177号，建于清代。坐西朝东，二进三开间砖木结构三层建筑。面阔9.5米，进深12.7米，占地面积448.8平方米。石方素础，原堂内有7个天井，36个房间，现保存较为完整的仅前厅、后堂、二偏堂。前院门三重檐，石券门，前厅大门为石库门，单檐式，厅堂内地铺青石，内木构件梁枋、门窗、月梁、雀替均有雕饰，内容丰富，手法多样。2005年被列为婺源县重点文物保护单位。

前坦老屋

位于歙县金川乡柏川村，建于清代。坐东北朝西南，一进二开间楼房。通面阔8.66米，通进深11.56米，占地面积100.1平方米。门罩有花草砖雕，下堂有厢房，天井两边柱上有精美的人物、花草、动物雕刻。阁上有香龛等，镂花雕刻。

钱爱娟宅

位于歙县王村镇王村草坦自然村，建于清代。坐西朝东，一进三开间砖木结构二层建筑。通面阔7.6米，通进深8.82米，占地面积74.97平方米。大门向南开。

钱炳发宅

位于歙县霞坑镇里方村十组，建于清代。坐西北朝东南，一进三开间三层建筑。通面阔13.5米，通进深9.5米，占地面积130平方米。大门有门罩，门罩有较为精致的砖雕，部分砖雕被破坏，进门是天井。

钱汉民宅

位于歙县霞坑镇里方村十组，建于清代。坐西朝东，为相连的两宅。通面阔21.8米，通进深8.2米，占地面积178平方米。大门有门罩，内部无雕刻，两宅均为一进三开间楼房。

钱金来宅

位于歙县霞坑镇里方村八组，建于清代。坐东南朝西北，一进三开间楼房。通面阔12.9米，通进深9.9米，占地面积127平方米。堂前有天井，靠北墙东边开大门，大门外有小院。

钱来仙宅

位于歙县雄村镇航步村，建于清末。坐东朝西，一进三开间二层建筑。通面阔9.35米，通进深6.7米，占地面积62.6平方米。有冬瓜梁，有梁撑，有格子窗。有梁柱，有天井、石础。

钱立法宅

位于歙县霞坑镇里方村富川自然村，建于清代。坐南朝北，二进三开间三层建筑。通面阔10.9米，通进深18.7米，占地面积200平方米。大门有砖雕门楼，内部梁架简单。

钱立福宅

位于歙县霞坑镇里方村九组，建于清代。坐东南朝西北，一进三开间二层建筑。通面阔6.9米，通进深8.9米，占地面积60平方米。前有天井，大门有门罩。建筑比较简朴。

钱龙福宅

位于黄山区永丰乡岭上村劳武组，建于清代。占地面积127.3平方米。原为一正房一偏房，现只剩正房前门楼，倚屋外圆形石门。

钱毛牛宅

位于黄山区甘棠镇庄里村刘村自然村，始建于清末。二进三开间硬山式屋顶，木架结构穿斗式。内墙多用木板壁，前后进均有阁楼。天棚望砖。天井处8个斜撑已被拆毁，现存梁袱2个。

钱茂林宅

位于歙县霞坑镇里方村九组，建于清代。坐东南朝西北，一进三开间二层建筑。通面阔13.4米，通进深10.9米，占地面积146平方米。大门有门罩，门前有坦。内部梁架有雕刻，斜撑为木雕狮子，正屋中间悬挂『慎德堂』匾额，边上悬挂『松荫长春』匾额。

钱明迪宅

位于歙县霞坑镇里方村富川自然村，建于清代。坐西北朝东南，一进三开间楼房。通面阔11.9米，通进深9.9米，占地面积110平方米。大门有简单门罩，暗天窗开在大门上。内无天井。

钱胜利等宅

位于歙县霞坑镇里方村八组，建于清代。坐北朝南，通面阔10.5米，通进深9.5米，占地面积120平方米。二层建筑，小院面积近30平方米。大门在南边正中，清水砖门罩，进门天井用明瓦覆盖。明间为堂，壁后置楼梯，左右厢房，西边有厨房。

钱武成等宅

位于歙县霞坑镇里方村八组，建于清代。坐北朝南，通面阔12.5米，通进深9.5米，占地面积近120平方米。二层建筑，大门在南墙正中，小院面积近20平方米，有暗天窗，西靠宅，东边厨房面积30平方米。

钱秀珠宅

位于歙县雄村镇柘林倍村，建于清代。坐西朝东，一进三开间。通面阔9.2米，通进深6.1米，占地面积56.12平方米。一层平房，中间厅堂，两边有厢房。门面全为木结构。有方形石柱础，有古木床一张，雕刻有人物、花草。

钱奕利、钱立平宅

位于歙县霞坑镇里方村祖武自然村，建于清代。坐西北朝东南，一进三开间二层建筑。通面阔10.8米，通进深7.6米，占地面积80平方米。大门有门罩，门罩有砖雕。

钱有顺宅

位于歙县徽城镇渔梁街88-1号，建于清末。坐北朝南，一进一开间砖木结构二层建筑。通面阔7.4米，通进深4.8米，占地面积35.4平方米。格子门窗，板门。

钱灶金宅

位于歙县霞坑镇里方村富川自然村，建于清代。坐南朝北，二进三开间三层建筑。通面阔10.9米，通进深22.9米，占地面积249平方米。大门有砖雕门楼，内部梁架较简单，梁柁、斜撑、雀替等构件有雕刻。

钱仲富宅

位于绩溪县瀛洲镇仁里村191号，建于清代晚期。坐北朝南，占地面积200平方米。由正厅、厨房和过道组成。正厅上下对堂，二楼通转，中置一天井，四水归明堂，撑拱承挑出檐，抬梁穿斗并用式梁架，硬山式屋顶，三合土地坪，室内的木雕构件精美。

钱仲林等宅

位于歙县霞坑镇里方村八组，建于清代。坐北朝南，砖木结构二层建筑，有一天井。通面阔10.5米，通进深9米，占地面积94.5平方米。额枋梁头有花纹雕刻，楼层有斜撑出挑的小栏杆。

钱仲义宅

位于绩溪县瀛洲镇仁里村182号，建于清代晚期。坐北朝南，占地面积130平方米。一进三开间二层建筑。东西厢房，抬梁穿斗并用式梁架，外围封火墙，三合土地坪。前檐设一天井，撑拱承挑出檐，室内的撑拱等雕刻非常精美，原正堂上首有一块『尊先堂』匾额。

乔长锁宅

位于黄山区新丰乡新丰村悦冲组，建于清代。占地面积100.32平方米。背靠山地，一进三开间，有阁楼。门向西，门前村中小路，侧面圆弧形，木架结构穿斗式，斜方格纹水门汀地面，无天棚。板壁墙，圆柱方梁，残存斜撑3个。

乔嵬宅

位于黟县宏村镇雉山村卢村组，建于清末。坐北朝南，开间15.96米，进深12.03米，占地面积192平方米。五开间二层建筑。两侧各有楼梯上楼，大门门楼较雄伟、粗犷。

勤业堂

位于歙县坑口乡薛源村柔川自然村，建于清代。坐西北朝东南，占地面积222.3平方米。主宅四合式，上下对堂，厢房靠壁天井，门前上马石、石坦，院内有书房一间，左侧与白果厅相连。砖木雕刻精美。2006年被列为歙县重点文物保护单位。

青云轩

位于黟县西递镇西递村司城第弄，建于清同治年间。坐北朝南，通面阔9.5米，通进深5.8米，占地面积136平方米，建筑面积191平方米，是一幢布局精巧的三间二层小便厅。结构形式与徽派传统民居相比，有其独特风格，前为方形小院，正厅为二层小楼，其他三面为平房，酷似北方的四合院，正厅置『满月』灰色大理石圆门，圆月与厅前鲜花相对，厅上镶以菱花隔扇。2001年被列为全国重点文物保护单位。

清泉楼

位于婺源县镇头镇游山村，建于清光绪年间。占地面积360平方米。依山而建，每进呈阶梯状分布，按照石壁山势逐层增高。一层为正堂，雕梁画栋，二层为厨房，三层为学堂屋，四层为小花园。中开天井，旁有清泉流入。2005年被列为婺源县重点文物保护单位。

清运堂

位于歙县霞坑镇石潭村，建于清代。坐西朝东，三进三开间。通面阔9.3米，通进深12.4米，占地面积115平方米。天井前两侧各有厢房一间，梁撑、梁柁均有木雕。后进很小，中进是大厅，前进有2个小厢房。

庆馨堂

位于黟县宏村镇宏村，建于清末。坐北朝南，占地面积152平方米，主体通面阔9.7米，通进深11米。院内有一水池，二楼三间式。

庆怡堂

位于歙县北岸镇白杨村上村自然村，建于清代。坐南朝北，二进三开间。通面阔9米，通进深8.5米，占地面积76.5平方米。门楼有部分砖雕，内有部分木雕。大厅正中有『庆怡堂』匾额。

庆裕堂

位于歙县杞梓里镇苏村，建于清代。坐北朝南，二进三开间砖木结构二层建筑。通面阔8.05米，通进深16.65米，占地面积134.03平方米。青石门框，无门罩，墙头上一排二层窗户露明。正屋底层三间为堂，有狮子斜撑。

邱根友兄弟宅

位于黄山区仙源镇龙山村平阳组，建于清代中期。占地面积129平方米。二进三开间。木架结构穿斗式。材料为望砖，有斜撑8个，平板斗4个，斜撑多见狮子抱绣球。

邱立人宅

位于休宁县万安镇轮车村上轮车组，建于清代。占地面积108.87平方米。坐北朝南，共两进，一进大厅，二进三开间住宅。柱础方形，大厅和住所地面均由水磨石金砖铺就，雀替饰有草龙和花草图案，另有变形『寿』字；天井墙面绘有花卉和松树图案。

邱庆华宅

位于歙县徽城镇南源口村，建于清代。坐西朝东，二进三开间二层建筑。通面阔12.47米，通进深9.8米，占地面积122.2平方米。有一天井，有格子门窗，有冬瓜梁。大门有简易门楼。内部有雕刻。

秋官第

位于歙县昌溪乡昌溪村红旗自然村小塘坑溪水旁，建于清代。坐西北朝东南，一进三开间。通面阔9.5米，通进深8.75米，占地面积83.13平方米。天井西南有门与吴天林宅相通，木雕精细。

仇彩珍宅

位于歙县徽城镇新南街30号，建于清末。坐南朝北，二进三开间。通面阔7.94米，通进深12.24米，占地面积97.1平方米。房主体为清咸丰年间所建，旁屋后改建。后进已改建，有楼及小天井。

瞿顺来宅

位于歙县北岸镇瞻淇村『九世同堂』对面，建于清代。坐南朝北，一进三开间。通面阔8.9米，通进深4.8米，占地面积42.7平方米。前门楼较有特色。

饶宝珍宅

位于歙县富堨镇富堨村山上组，建于清代。坐北朝南，一进三开间二层建筑。边门朝西。通面阔 10.5 米，通进深 13 米，占地面积 136.5 平方米。梁上有雕花。下堂有厢房，天井两侧雕花装隔。

任成禄宅

位于黄山区谭家桥镇中墩村小河口组，建于清代。占地面积 157.56 平方米。二进五开间。后进拆除，现存前进框架基本保存较好，其他改动较大。三合土地坪，天井拆除，无木构件。

任展勋等宅

位于休宁县海阳镇齐宁社区水碓巷2号，建于清代。为丁氏老宅的组成部分。坐北朝南，呈四合式布局。占地面积128.78平方米。柱础方形，斜撑雕云龙图案，木隔扇窗饰方格。

日新堂

位于婺源县江湾镇下晓起村，建于清雍正至乾隆年间，是下晓起村规模最为庞大的连体建筑群。又名『日省堂』。住宅包括7座建筑、12个天井、60多间房间，前部两进院落的雕饰既多且美。此屋虽经多次加建，内部仍然处处相通。宅内居住者全为汪姓后裔，兴旺时曾有14户人家共居此屋。曾国藩曾为此屋题名『储英堂』。占地面积1286.15平方米。2005年被列为上饶市重点文物保护单位。

荣禄第

位于婺源县江湾镇上晓起村，又称『思训堂』，是清光绪年间花翎头品顶戴、金紫光禄大夫、山西布政使、两淮盐运使、一品大员江人镜的府第。此屋系江人镜于光绪年间衣锦还乡，于祖屋『进士第』西北侧建成。坐北朝南，受基地形状所限，呈现东西横向展开的格局。砖木结构三层建筑。占地面积663平方米。四水归堂、方正对称的正院居中，官厅居西，带有厨房、储藏间的侧院居东。前院有两个木构建筑，西面的木构仅一层，起着轿亭的作用。『荣禄第』三字在『文革』中被铲除。其余保存较完整。2005年被列为上饶市重点文物保护单位。

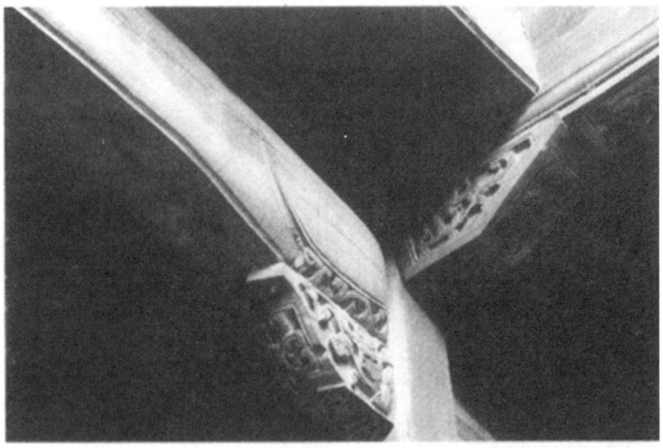

荣庆堂

位于歙县昌溪乡昌溪村庠里自然村，建于明代中后期。坐西朝东，三进三开间。通面阔9.7米，通进深22.7米，占地面积220.19平方米。大门有门罩，砖雕连续锦纹。宅内槛窗雕夔龙、『寿』字，有明式风格。室内有天井和储水池，侧门右侧有私塾。

儒林第

位于婺源县江湾镇上晓起村，原主人已不可考。传说屋主祖上为叶姓，经商致巨富后建此宅以供子孙读书，以期科举入仕，光宗耀祖。朝北面河，入口为一小院，临河一面的墙上开有花窗。占地面积201.94平方米。徽式砖雕门头，做工精细。主体部分原有三进，并设有后门，现存第一进较完好，第二进已朽烂不堪，第三进早已坍塌。2005年被列为上饶市重点文物保护单位。

阮莲花宅

位于歙县徽城镇渔梁街59-2号，建于清末。坐东朝西，通面阔3.56米，通进深7.47米，占地面积26.6平方米。砖木结构二层建筑。

阮有成宅

位于歙县徽城镇渔梁街84号，建于清代。坐南朝北，通面阔3.1米，通进深15.45米，占地面积47.9平方米。砖木结构。

阮中宏、刘宁波宅

位于黄山区仙源镇龙山村小北门组，建于晚清。占地面积161平方米。一进五开间，左前为一马房，高约5.5米。木架结构穿斗式，斜方格纹水门汀地面，中堂地面饰方形双狮戏球。平铺式天井（一主二耳），板壁墙，天棚望板，卷棚偷柱。

芮玉涛等宅

位于黄山区谭家桥镇东黄山村留东四组，建于清代。二进三开间，天井跑马楼式。占地面积129平方米，高约5.5米。木架结构穿斗式，三合土地坪，地沟式天井，板壁墙，封檐望板。天井上檐残存斜撑4个。

瑞庆堂

位于徽州区潜口镇坤沙村，建于清代。建筑面积242.81平方米。前进为三开间上下对堂四合院。后进亦为上下两对堂，下堂明间为厅，两次间为住房。楼上上堂明间为厅，大方砖铺地，两次间为房，前后两进为走马楼，楼面大方砖墁地，屋面有望砖。

瑞玉堂

位于黟县西递镇西递村，建于清光绪年间。坐西朝东，通面阔12米，通进深7.8米，占地面积97.6平方米。三开间二层建筑。

瑞玉庭

位于黟县西递镇西递村横路街，建于清同治年间。坐北朝南，通面阔8.6米，通进深12.3米，占地面积134平方米，建筑面积232平方米。前后三间二层建筑。前厅为正厅堂，中间隔以太师壁，厅堂天花彩绘清晰艳丽，梁柁、斜撑等建筑构件姿态各异，描金木雕栩栩如生，天井两厢装有雕花隔扇，中间镂空嵌书画作品，尽显华丽典雅。2001年被列为全国重点文物保护单位。

赛金花故居

位于黟县宏村镇龙江村上轴组，2003年在赛金花故园对面选址重建。占地面积约8000平方米，建筑面积近4000平方米。园林式建筑，因地制宜，巧于借景，精于造景。2004年被列为安徽省重点文物保护单位。

三立堂

位于黟县宏村镇宏村，建于清康熙年间。坐北朝南，占地面积600平方米，主体通面阔17.2米，通进深35米。前后天井，梁构架保存完整，建筑布局与乐贤堂相似。2001年被列为全国重点文物保护单位。

三门呈村73号宅

位于屯溪区黎阳镇三门呈村，建于清代。占地面积约294平方米。坐北朝南，二进砖木结构走马楼式二层建筑。双天井，前天井在房屋东侧，后天井在房屋北侧，两天井相通。东北角有边屋一间。棂窗、斜撑等木构件雕花装饰。

三亩堂

位于徽州区潜口镇唐模村三组，建于清代。坐北朝南，建筑面积315.5平方米。三进三开间砖木结构二层建筑。前进中为厅，两边为房；中进上下对堂，中间厅两边为房；后进三开间带二厢。

三斯堂

位于婺源县浙源乡凤山村，建于明末清初。占地面积560平方米。门口有三步石阶，2个前院，屋内清一色石板，7个正堂，象征七品府第。全堂有12个天井。2005年被列为婺源县重点文物保护单位。

三畏堂

位于黟县西递镇西递村横路街，建于清末。坐北朝南，通面阔15米，通进深10.6米，占地面积159平方米，建筑面积289平方米。五开间二层建筑。三畏堂即『畏天命、畏大人、畏圣人之言』。大厅高悬『三畏』匾额，堂前轩敞，天井宽大。2001年被列为全国重点文物保护单位。

三锡堂

位于歙县坑口乡金龙潭村汪龙坑自然村，建于清嘉庆、道光年间。坐北朝南，主宅四合式，上下对堂，右厢三间靠壁天井。通面阔24米，通进深14.3米，占地面积约343.2平方米。砖雕精美。装有木雕驼峰、柱撑、雀替、窗衣，隔扇雕有人物。

三省堂

位于婺源县江湾镇江湾村，建于清末。占地面积480平方米。民国教育家江谦故居。原有三进，现仅存第一进前堂和后堂灶间，正堂前有仪门，中天井，跑马楼，是一座典型的四厢结构建筑。2005年被列为婺源县重点文物保护单位。

三余堂

位于歙县昌溪乡昌溪村红旗庙下店老街，建于清代。坐西朝东，二进三开间二层建筑。通面阔12.1米，通进深12.5米，占地面积151.25平方米。朝东开边门进入，内有天井2处，前进两厢房，中间过堂。西面房屋右侧有厨房1间。

砂坦民居

位于歙县杞梓里镇小源村，建于清末。坐北朝南，二进三开间砖木结构二层建筑。通面阔8.8米，通进深12.1米，占地面积106.5平方米。青石门框，饰以砖雕门楼。屋内柱础雕荷花。

善德堂

位于歙县坑口乡瀹潭村瀹岭坞自然村，建于清代。坐西北朝东南，三开间砖木结构二层建筑。占地面积137.65平方米。四合式，上下对堂。阶沿和天井用青石板铺砌，上下堂三合土地坪，装有瓜梁、雀替。砖木雕刻精美，两厢装有屏门隔扇。

善继堂

位于歙县郑村镇郑村十一组，建于清代。坐北朝南，前面二门，后面大堂一门，共三门，二进三开间。通面阔21.23米，通进深38米，占地面积806.7平方米。三道门罩有砖雕，保存较好。

善庆堂

位于歙县昌溪乡昌溪村周邦头周氏宗祠左侧，建于清代。坐西北朝东南，一进三开间。通面阔7.15米，通进深8.15米。正厅梁上有雀替，上堂有厢房两间。侧房三进一开间，面阔4米，进深9.9米。上下堂均为厢房，下堂第二进有内天井。

善庆堂

位于歙县三阳镇三阳村前山路，建于清代。坐北朝南，三进三开间。通面阔11.1米，通进深15.39米，占地面积171平方米。砖雕门楼，木雕梁撑。

善庆堂

位于徽州区潜口镇蜀源村，建于清代。坐西朝东，建筑面积92.93平方米。三开间二阁厢二层建筑。上堂明间为客厅，次间为住房，窗隔扇较精美。楼上半部全为格子窗门，双开，花格简单，四抹头，中间花格，楼上方砖墁地，屋面有望砖。

善余堂

位于婺源县江湾镇江湾村，建于清乾隆年间。占地面积370平方米。清经学家江永故居。正堂为『善余堂』，有『积善之家，必有余庆』之意，堂边方柱上有对联：『人有七怀，喜怒哀惧爱欲恶；经存六艺，诗书礼乐易春秋。』厅堂两侧挂有乾隆至光绪年间的著名学者对江永的题赞，还有蔡元培先生对江永的题赞；侧边有『受经堂』，是江永聚众讲学之所，里侧有『弄丸斋』书房。2006年被列为江西省重点文物保护单位。

上岸山居

位于婺源县中云镇坑头村，建于宋代末期。原为上岸书院，乃宋代末期潘荥创建。占地面积220平方米。屋内装饰简洁，少有木雕。前有小院，现有千年牡丹、夜来香等花卉。后有一口鱼塘，鱼塘四周种花草树木，构成一个后花园。2005年被列为婺源县重点文物保护单位。

上当铺

位于徽州区潜口镇潜口村虹光队四组，建于清代。建筑面积569.22平方米。二进三开间。前进一脊翻两堂，脊前五间，明间为厅，两次间、梢间辟为房。脊后也为五间，坎上雕花隔扇门，房间正中双开格子门。

上屋

位于徽州区呈坎镇呈坎村村西，建于清代。坐西朝东，建筑面积660.19平方米。为两幢前后二进二层建筑。后面为厨房和院落相互组合而成。两大门居中，上有砖雕门罩，前进有一坡水内门廊。南楼前进三间为厅室，余则明间为厅，两厢为房。楼梯架照壁后，西墙开后门通三间厨房。2001年作为呈坎村古建筑群的组成部分被列为全国重点文物保护单位。

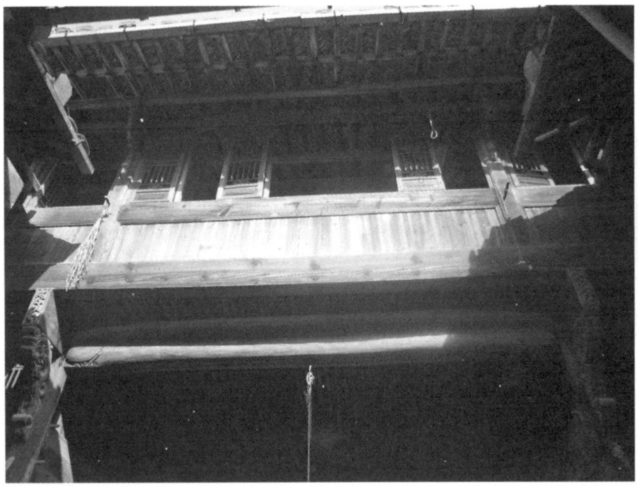

上新屋

位于歙县坑口乡金龙潭村汪龙坑自然村，建于清代。坐东南朝西北，三开间，四合式，上下对堂。通面阔9.6米，通进深17.8米。砖木雕刻精美。

尚德堂

位于歙县三阳镇叶村，建于清代。坐南朝北，一进三开间楼房。通面阔7.52米，通进深9.8米，占地面积73.7平方米。内部有简易雕刻。

尚德堂

位于黟县西递镇西递村正街，建于清顺治年间。坐东朝西，通面阔18米，通进深9米，占地面积162平方米，建筑面积297平方米，五开间二层建筑。大门口用整块『黟县青』砌成八字门楼，凝重端庄。正厅前为天井，两侧为厢房，二楼步架斗拱、爪柱、平盘斗、雀替等建筑构件还保存明式建筑风格。2001年被列为全国重点文物保护单位。

尚惠堂

位于歙县杞梓里镇小源村，建于清代。坐东朝西，通面阔9.3米，通进深11.9米，占地面积110.67平方米。大门有门楼，门楼有简易砖雕，部分砖雕被破坏，内部结构简单无雕刻。

尚书第

位于婺源县沱川乡理坑村中心位置，是明万历年间户部右侍郎、工部尚书余懋学的府第。原有三层楼，是村中最高建筑，原名『望京楼』，后毁于一场大火。现仅存一面王凤楼牌楼，上书『尚书第』三个楷书大字，威风气派。

尚学堂

位于歙县杞梓里镇滩培村，建于清代。坐东北朝西南，二进五开间砖木结构二层建筑。通面阔12.1米，通进深9.6米，占地面积116.2平方米。砖雕门楼。中间天井，两边房间，西设边门。

邵春九宅

位于黟县碧阳镇石亭村，建于清代。坐北朝南，开间9.9米，进深10.05米，占地面积99.5平方米。一进三开间一天井二层建筑。砖雕门楼，隔扇门窗、飞罩、斜撑等木雕构配件精美别致。

邵春妹宅

位于歙县璜田乡璜田村二组，建于清代。坐西朝东，三开间。面阔9米，进深9.4米，占地面积84.6平方米。均为硬山式屋顶，青瓦盖顶。

邵光明宅

位于绩溪县伏岭镇伏上村121号，建于清代晚期。坐北朝南，占地面积116平方米。一进三开间二层建筑。前檐置一天井，有木质照壁，楼梯设在照壁后，前有庭院，大门上有精美的砖雕门罩，雕刻人物故事图。

邵和春宅

位于绩溪县板桥头乡中村下村自然村73号，建于清代中期。坐北朝南，建筑面积105平方米。砖木结构，面阔三间，进深三间，保存基本完整。雀替、斜撑均有精美的雕刻，为不可多得的清代官厅建筑。

邵鹤升宅

位于绩溪县长安镇大谷村高田自然村，建于清代后期。坐西北朝东南，占地面积113平方米。一进三开间二层建筑。三合土地坪。不设天井，屋面用玻璃瓦采光，大门设在西南向山墙，室内没有木雕构件装饰，外围封火墙，建筑保存基本完整。

邵厚强宅

位于黟县西递镇西递村，建于清咸丰年间。坐西朝东，通面阔9.8米，通进深7.4米，占地面积72.5平方米，建筑面积125.5平方米。三开间二层建筑。

邵家和宅

位于黟县碧阳镇石亭村，建于清末。坐北朝南，开间10.2米，进深8.15米，占地面积83.1平方米。三开间带二厢有天井二层建筑。隔扇门窗、横风窗和砖雕门楼保护较好，制作工艺较高。

邵竞成、余新恒宅

位于黟县碧阳镇石亭村，建于清代。坐北朝南，开间9.6米，进深16.05米，占地面积154.1平方米。二进三开间二天井带二厢砖木结构二层建筑。隔扇门窗、横风窗、飞罩等木构配件和大门砖雕门楼制作较精致。

邵名艾宅

位于绩溪县伏岭镇伏下村29号对面，建于清代晚期。坐北朝南，占地面积116平方米。前后两进二层建筑。前后天井，东西厢房，撑拱承挑出檐，抬梁穿斗并用式梁架，硬山式屋顶，三合土地坪，外围封火墙。室内的木雕构件精美。

邵名琅宅

位于绩溪县伏岭镇伏上村104号，建于清代晚期。坐西北朝东南，占地面积187平方米。前后两进，二楼通转，前后天井，东西厢房。撑拱承挑出檐，抬梁穿斗并用式梁架，室内的木雕构件非常精美。大门上有砖雕门罩，东西两边的挂落雕刻牧马图，挂落上部为冰裂纹漏窗和美人靠。

邵名门宅

位于绩溪县伏岭镇伏下村5号，建于清代晚期。坐西北朝东南，占地面积120.5平方米，一进三开间二层建筑。东西厢房，撑拱承挑出檐，二楼的隔扇雕刻精美完整，前檐置一天井，正厅两边为厢房，过厢两边有雕刻精美的挂落。室内木雕构件较多较精致。

邵润平、邵来饶宅

位于黟县碧阳镇石亭村，建于清末。坐北朝南，开间9.65米，进深15.75米，占地面积152平方米。二进三开间二天井二层建筑。大门砖雕门楼制作精致，木雕刻构件等造型逼真，精美别致。

邵天峻宅

位于绩溪县扬溪镇大石门村132号，建于清代后期。坐东北朝西南，占地面积156平方米。前为门亭，设一天井，正房为一进三开间二层建筑。设一天井，斗拱承挑出檐，二楼檐部有矮窗装饰，天井两边的过厢挂落镂空雕刻葡萄、花卉纹饰，较为精美。

邵文道宅

位于黟县碧阳镇石亭村，建于清代。坐北朝南，开间9.6米，进深16.05米，占地面积154.1平方米。二进三开间二天井带二厢砖木结构二层建筑。隔扇门窗、横风窗、飞罩等木构配件和大门砖雕门楼制作较精致。

邵永春宅

位于黟县碧阳镇石亭村，建于清代。坐北朝南，开间9.8米，进深7.25米，占地面积71平方米。砖雕门楼，三开间带二厢有天井二层建筑。隔扇门窗、横风窗和木构配件制作较精致。

邵裕明等宅

位于歙县三阳镇中村，建于清末。二进三开间一明堂。通面阔8.4米，通进深11.47米，占地面积96.35平方米。前进二层楼，后进三层楼，明堂较深。有砖雕门楼。

邵之欣宅

位于绩溪县伏岭镇伏下村81号，建于清代后期。坐北朝南，占地面积93平方米。一进三开间二层建筑。前檐设一天井，撑拱承挑出檐，抬梁穿斗并用式梁架，三合土地坪。外围封火墙，室内的斜撑、雀替、驼峰雕刻精美。

邵中和宅

位于休宁县渭桥乡珰金村洪坑组，建于清代。占地面积60.8平方米。一进三开间。门罩砖雕饰『卍』『寿』字、花草；地面铺红砂石，立柱及柱础均方形；木隔扇窗饰方格，裙板雕人物、松树、亭榭；雀替雕土龙。

社屋

位于黟县宏村镇宏村，建于清代。坐北朝南。占地面积115.6平方米。三开间一层布局，四面墙体保存完整，正面墙体保留有一副青石对联：『胜地钟灵长瞻松柏之茂，明神赐祉永奠河山之宁。』正屋前设有平坦晒场。

沈桃花宅

位于歙县徽城镇古关村，建于清代。坐南朝北，二进三开间砖木结构二层建筑。通面阔8米，通进深25米，占地面积210平方米。一天井，有木雕。前后有院子。

沈文元宅

位于歙县许村镇许村高阳一组057号，建于清末。坐南朝北，二进三开间楼房。通面阔9.6米，通进深10.45米，占地面积100.32平方米。前进20世纪70年代改建。斜撑基本完整。

沈有宏宅

位于歙县徽城镇渔梁街，建于清代。坐东朝西，通面阔8.4米，通进深4.4米，占地面积37平方米。

沈子全宅

位于黟县碧阳镇星火村陈闾组，建于清代。坐北朝南，开间9.45米，进深8.8米，占地面积83.2平方米。三开间有天井砖木结构二层建筑。木构架承重，房屋木构架、装修等较完整，构配件、隔扇门窗、门楼等雕刻制作精致并完整，天花彩绘清晰。

慎德堂

位于歙县郑村镇棠樾村，建于清代中后期。坐北朝南。占地面积262.4平方米。前后两进，三间四合式，南北相连。通进深26.24米，通面阔9.15米，大门开在东廊外墙，门框石用『黟县青』制作，门罩砖雕精致。正屋底层三间为堂，前披作人字轩腰檐，梁枋方形断面，撑拱、驼峰、雀替等雕饰考究。后宅通面阔10.25米，大门居中，明间穿堂，左右为卧室。2013年被列为全国重点文物保护单位。

慎德堂

位于婺源县浙源乡凤山村110号正对面，建于明代中期。坐北朝南，二进五开间徽派砖木结构。共有3个天井，现由前厅、后堂、余屋三部分组成。大门水磨砖门面，门额四周有雕饰，厅堂内地铺青石，前厅青石铺地与明代方砖铺法相同。现存有匾额，上书『慎德堂』。月梁、雀替略有雕饰，后堂木构件光素无纹，方格式门窗。西侧为余屋，但改添建严重。堂内两侧摆设两个大鱼缸，鱼缸之间有一巨大石块。前厅、后堂基本保存原有建筑风格。2005年被列为婺源县重点文物保护单位。

慎善堂

位于歙县霞坑镇洪琴村037号，建于清代。坐北朝南，二进三开间二层建筑。通面阔10米，通进深13.9米，占地面积约139平方米。上下堂两侧有厢房，中间天井。木雕损坏较大。门楼有精细砖雕，楼上格局同楼下一样。

慎修庭

位于黟县宏村镇宏村，建于清代。坐西朝东，占地面积126平方米。三开间二层建筑。木雕、窗花等保存较好。

慎余堂

位于歙县昌溪乡昌溪村库里自然村，建于清代中期。坐北朝南，二进二开间。通面阔7.4米，通进深14.5米。梁头有雕刻，室内原有较完整的西湖十景木雕，有斗拱、梁撑、门罩等。室内有天井，正门外有小院，从侧门入院。

慎余堂

位于黟县宏村镇宏村，建于清代。坐北朝南，占地面积350平方米。三开间四合式二层建筑。中间为天井，天井东、西两侧为厢房，房屋西侧为厨房，下厅设有仪门，上厅天花彩绘、花草图案保存完整，木构架保存较为完整。2001年被列为全国重点文物保护单位。

慎知堂

位于婺源县江湾镇汪口村，由汪口俞氏二十世祖宗哲公建于清代初期。占地面积1600多平方米，有『汪口迷宫』之称。三进六堂，14个天井，2个塾馆，1个前院，1个花园。大小堂屋环环相连，分则自成体系，合则浑然一体。2005年被列为婺源县重点文物保护单位。

生训堂

位于婺源县江湾镇汪口村，建于明末。占地面积约140平方米，三开间带二厢一天井。屋内极少雕饰，梁枋上只雕几组简洁的线条，窗户上是很朴素的方格窗门。外墙用开砖装斗，前厅内墙用2米高、0.8米宽的青石板做墙裙，庄重而坚固。2005年被列为婺源县重点文物保护单位。

盛红兵宅

位于休宁县鹤城乡渔塘村棣甸组入口处，建于清代。坐西北朝东南，一进三开间。占地面积52.48平方米。立柱及柱础方形，雀替雕花卉，斜撑雕倒挂狮及文官，楼栏板雕花卉及『百忍图』，楼梯处雕人物。

盛建平宅

位于黄山区仙源镇龙山村中市组，建于清代。占地面积125平方米。二进三开间，高约5米。木架结构穿斗式，斜方格纹水门汀地面，地沟式天井，板壁墙，天棚望砖。

盛利建宅

位于黟县碧阳镇古黄村黄村组，建于清末。坐东朝西，开间9.15米，进深7.7米，占地面积70.5平方米。一进三开间一天井二层建筑。

盛五一、汪继平宅

位于歙县北岸镇瞻淇村后村组，建于清代。坐北朝南，二进三开间。通面阔11.48米，通进深14.73米，占地面积169平方米。简易门楼，略有雕刻，内部斜撑、窗栏、梁柁等构件有雕刻，较精致。

盛锡立宅

位于休宁县流口镇流口村流一组51号，建于清代。占地面积94.08平方米。前店后宅布局。住宅为三开间。天井处铺青石板，立柱及柱础均方形，木构架较简单，木隔扇门及隔扇窗饰方格，挂落亦饰方格。

盛兴和等宅

位于黄山区新丰乡盛洪村11组，建于清代。门向东。占地面积208平方米，高约6.2米。木架结构穿斗式。斜方格纹水门汀地面，地沟式天井，直通五间，板壁墙，圆柱方梁，天棚望板。天井上檐有斜撑6个。

盛秀英宅

位于黟县碧阳镇横岗村，建于清代。坐西朝东，开间10.1米，进深8.95米，占地面积90.4平方米。三开间厅堂式带二厢有天井砖木结构二层建筑。隔扇门窗、横风窗、楼行栏杆等木构配件及大门砖雕门楼保护较完好，木构架完好。

施利洪宅

位于黟县碧阳镇古黄村黄村组，建于清代。坐北朝南，开间10.8米，进深7.5米，占地面积81平方米。一进三开间一天井二层建筑。木雕刻和楼行栏杆较完整，制作较精致，大门砖雕门楼保存较好。

施祖银宅

位于黟县碧阳镇古黄村黄村组，建于清代。坐东朝西，开间9.7米，进深8.4米，占地面积81.5平方米。一进三开间砖木结构二层建筑。木构架保护尚好，大门砖雕门楼保护较完整，做工精致。

十部通转楼

位于绩溪县华阳镇上马石村紫园山庄内，建于清代后期。坐东北朝西南，占地面积245平方米。二进三开间中天井二层建筑。二楼通转，东西厢房，进大门有一木质影壁，前进分上下堂两层，上进和后进通转，室内的斜撑、雀替、隔扇、窗栏板雕刻精美，建筑保存完整。

十三楼

位于黟县宏村镇宏村，建于清代。坐北朝南，占地面积128.97平方米。二楼三间式，内设天井。木构架保存较为完整，西侧为一楼厨房，正屋前面留有小院，整座房子保存较好。

石宝仿宅

位于歙县雄村镇雄村，建于清代。坐西朝东，一进三开间二层建筑。通面阔7.85米，通进深10.35米，占地面积81.25平方米。大门有门楼，无雕刻，有格子窗。有少许损坏。

石家大院

位于屯溪区黎阳镇黎阳街12号、14号，建于清末。由12号楼和14号楼组成。占地面积750平方米。12号楼前进有厅堂，厅左边为书房，后堂设有厢房，二进设耳房，左边为厢房，后进为厨房。14号楼前进设堂房，两边设厢房，二进为走马楼。2008年被列为黄山市重点文物保护单位。

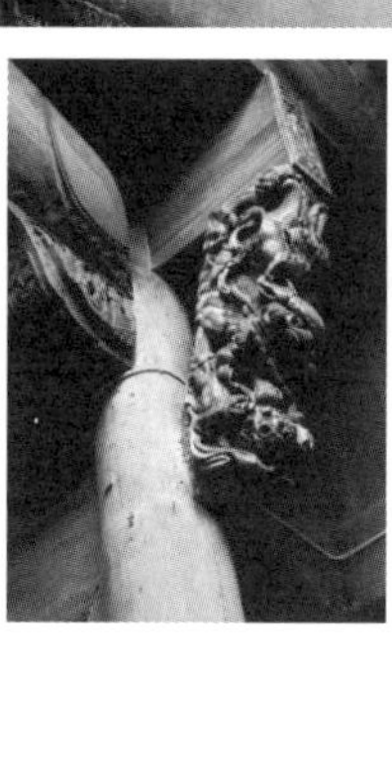

石磐安宅

位于绩溪县上庄镇石家村东首，建于清代中期。坐南朝北，面阔三间。占地面积270平方米。硬山式屋顶，外砌封火墙，抬梁穿斗并用式梁架，方砖地坪。大门开在北檐墙中部，砖雕精美。大门内设木板影壁，其后为石质天井，石框内有深28厘米的水池。室内装饰有狮形、人物撑拱4件，两厢檐部隔扇8件，窗门遮羞板4件。2004年与石家村1号、5号、12号等古建筑一同被列为安徽省重点文物保护单位。

石荣生宅

位于歙县王村镇王村草坦自然村229号，建于清代。坐北朝南，一进三开间砖木结构二层建筑。通面阔8.35米，通进深8.6米，占地面积71.81平方米。门口地面铺有砖，屋内构造简单。

石元旦宅

位于绩溪县上庄镇石家村42号，建于清代中期。坐南朝北，占地面积200平方米，前后两进。前进为上下对堂，二楼通转，后进为厨房和附属房。室内木结构完整，雕刻精美，隔扇上的雕刻在『文革』期间略有破坏，整幢建筑保存完好。2004年被列为安徽省重点文物保护单位。

石柱厅

位于徽州区呈坎镇呈坎村钟英街，建于明代。坐西朝东，建筑面积410.55平方米。三进三天井二层建筑。正中开大门，砖木混合仿牌楼式大门罩。前进三开间二层建筑，中进五开间二层建筑，为清末修建，后进五开间为明代建构。前进底层统三间为厅，檐枋为方形。中进南廊内施木旋转楼梯。后进居中开大门，上有明代烧雕门罩，后进明间为厅，次梢间为厢房，二层设腰檐，临天井六抹头方格窗。2001年作为呈坎村古建筑群的组成部分被列为全国重点文物保护单位。

时乎第

位于歙县霞坑镇石潭村，俗名『五间厅』，建于清代。坐东南朝西北，二进五开间。通面阔15.4米，通进深13.6米，占地面积210平方米。大门有门楼，门楼有砖雕。厅堂宽敞，门窗木格子装饰，天井内有鱼缸假山点饰。屋边有水池。

史英安等宅

位于黟县宏村镇古溪村史村组，建于清代。坐东朝西，开间9.6米，进深20.82米，占地面积199.9平方米。二进三开间二天井加门屋二层建筑。右厢侧耳门通厨房，左厢上楼。三合土斜方格地面。

史转好宅

位于黟县碧阳镇星火村陈间组，建于清代。坐北朝南，开间9.2米，进深13.25米，占地面积121平方米。二进三开间前后厅有天井砖木结构二层建筑。木构架承重，房屋木构架、装修等较完整，木构配件、隔扇门窗等较好。

世华堂

位于歙县北岸镇显村，建于清末。坐北朝南，由左右两幢组成，二进三开间。左幢面阔8.45米，进深11.2米，占地面积94.64平方米；右幢面阔11.25米，进深12.85米，占地面积144.56平方米。两宅门楼都有精美砖雕，内有诸多木雕。斜撑八仙雕刻和诸多石雕皆精美。右宅正厅有『世华堂』匾额。2006年被列为歙县重点文物保护单位。

守善堂

位于歙县霞坑镇洪琴村，建于清代。坐西北朝东南，一进三开间二层建筑。通面阔10.7米，通进深8.2米，占地面积88平方米。内部斜撑、窗子等构件有雕刻。

守训堂

位于婺源县江湾镇汪口村柴薪巷内，建于清乾隆年间。占地面积280平方米。临巷设更楼，通过更楼进入花园，花园边上是一个私塾馆。正屋为砖砌大门，简洁古朴。正屋为一进三开间带二厢二层建筑。厢房窗扇木雕精美。2005年被列为婺源县重点文物保护单位。

舒炳斋宅

位于黟县宏村镇屏山村，建于清末。堂名『有庆堂』。坐北朝南，开间9.7米，进深20.24米，占地面积196.3平方米。三开间带二厢有天井二层建筑，门廊前有一小院。木铺楼板，砖、木、石雕刻及装修精美，保存较完整。2004年被列为安徽省重点文物保护单位。

舒辅诚宅

位于绩溪县华阳镇舒家巷72号，建于清代后期。坐北朝南，占地面积385平方米。二进三开间二层建筑。外围封火墙，三合土地坪。梁架和基础较好，木构件略施雕刻，房屋大门砖雕门罩略施雕刻。

舒富金宅

位于黟县宏村镇屏山村，建于清末。堂名『崇本堂』。坐北朝南，开间9.79米，进深17.14米，占地面积167.8平方米。三开间前厅后堂三层建筑。后檐墙门通外巷路，有庭院。

舒广丰宅

位于黟县宏村镇龙江村江村二组，建于清末。坐北朝南，开间8.25米，进深5米，占地面积41.3平方米。三开间二层建筑。正面大门，照壁后上楼。木构架、装修等保存较完整。

舒广亮宅

位于黟县宏村镇屏山村，建于清代。坐西北朝东南，开间13米，进深12.25米，占地面积130.3平方米。三开间带二厢二层建筑。左厢侧耳门通外巷道，右厢侧耳门通厨房，照壁后上楼，隔扇及横风窗制作精美别致。

舒广明宅

位于黟县宏村镇屏山村，建于清末。坐东北朝西南，开间8.18米，进深11.72米，占地面积95.9平方米。前后进三开间二层建筑。后进有两厢廊，大门口朝道路，后进后檐墙有门通厨房，后进照壁后上楼。

舒广清二号宅

位于黟县宏村镇屏山村，建于清末。坐北朝南，开间10.93米，进深6.62米，占地面积72.4平方米。三开间带二厢无天井二层建筑。大门上有砖雕门楼，大门口外为石板路，路外为小河，右厢耳门通厨房，厨房后门通杂房。木构架承重，空斗墙围护，小青瓦屋面，三合土地坪。

舒广清一号宅

位于黟县宏村镇屏山村，建于清末。坐南朝北，开间11.59米，进深9.8米，占地面积113.6平方米。三进带二厢有天井二层建筑。后檐门通后进，左厢耳门通偏屋。木构架承重，空斗墙围护，小青瓦屋面，大方砖地面。

舒广田宅

位于黟县宏村镇屏山村，建于清末。坐西朝东，开间9.82米，进深10.23米，占地面积100平方米。三开间带二厢有天井、门楼二层建筑。右厢通厨房，大门前有庭院。木构配件及隔扇门窗保存较完好。

舒桂林宅

位于黟县宏村镇屏山村，建于明代。坐北朝南，开间15.68米，进深8.2米，占地面积123.8平方米。五开间带二厢二层建筑。楼梯设在照壁后，芦苇墙装修，左厢侧耳门通厨房。

舒国安宅

位于黟县宏村镇屏山村，建于清末。坐北朝南，开间9.46米，进深18.57米，占地面积175.7平方米。三开间带二厢有门厢上下厅中天井二层建筑。大门前有庭院，庭院右侧通外巷道，庭院前有门通厨房。木构配件及木装修制作精致。

舒国强宅

位于黟县宏村镇屏山村，建于清代。坐北朝南，开间15.05米，进深16.78米，占地面积252平方米。六开间带二厢上下厅前后天井二层建筑。前厢耳门通外巷路，后左厢耳门通厨房。

舒建德宅

位于黟县宏村镇屏山村，建于清末。坐北朝南，开间14.53米，进深7.61米，占地面积110.6平方米。三开间带二厢二层建筑。左厢侧耳门通厨房，厨房右侧有门通外巷路。房间内铺木地板，砖、木、石构配件及装修等制作较好。

舒建国宅

位于黟县宏村镇屏山村，建于清末。坐北朝南，开间8.73米，进深7.16米，占地面积62.5平方米。三开间带二厢二层建筑。左厢耳门通外巷路，右厢耳门通厨房，有天井和大门砖雕门楼。大方砖斜铺地面。

舒建明宅

位于黟县宏村镇屏山村，建于清末。坐北朝南，开间9.26米，进深7.38米，占地面积68.3平方米。三开间带二厢有天井二层建筑。后檐墙门通厨房。

舒建平宅

位于黟县宏村镇屏山村，建于清末。坐北朝南，开间14.8米，进深8.28米，占地面积122.5平方米。三开间带二厢二层建筑。左厢侧耳门通厨房，厨房前设门通外巷路，后檐墙设门通后进。

舒金霞宅

位于黟县宏村镇龙江村秀里组，建于清末。坐西北朝东南，开间9.23米，进深7.41米，占地面积68.4平方米。三开间带二厢二层建筑。前檐门为后开，门前有坦。

舒克刚宅

位于黟县宏村镇屏山村，建于清末。坐北朝南，开间10.3米，进深8.91米，占地面积91.8平方米。三开间带二厢二层建筑。左厢侧耳门通厨房。三合土斜方格地面。

舒兰芳宅

位于黟县宏村镇龙江村林村组，建于清末。坐东北朝西南，开间9.1米，进深7.15米，占地面积65.1平方米。三开间二层建筑。正面大门，照壁后上楼，左侧门通厨房。木构架、装修等整体较完整。

舒利民二号宅

位于黟县宏村镇屏山村，建于清代。坐西朝东，开间9.27米，进深15.88米，占地面积147.2平方米。前后进三开间带二厢有门廊三层建筑。前厢廊左边上楼梯，后厢廊左边通厨房，后进木构件雕刻和隔扇窗制作较精致完整。

舒利民一号宅

位于黟县宏村镇屏山村，建于清代。坐西朝东，开间6.86米，进深16.51米，占地面积113.3平方米。三开间二层建筑。总体保存较好。

舒令华宅

位于黟县宏村镇屏山村，建于清末。坐北朝南，开间10.39米，进深8.22米，占地面积85.4平方米。三开间带二厢二层建筑。

舒龙生宅

位于黟县宏村镇屏山村，建于清末。坐北朝南，开间9.48米，进深11.20米，占地面积106.2平方米。三开间带二厢前后厅中天井二层建筑。右厢耳门通厨房。三合土斜方格地面。

舒梅花宅

位于黄山区焦村镇龙源村黄坎组，建于清代。坐北朝南，占地面积135.2平方米。二进三开间。木架结构穿斗式。斜方格纹水门汀地面，平铺式天井，方形麻石柱础，板壁墙，圆柱方梁，西侧两层阁楼，天棚望砖，天井上檐斜撑8个均在，雕有走兽、人物图案。

舒其乐宅

位于黟县宏村镇屏山村，建于清末。坐北朝南，开间11.04米，进深6.91米，占地面积74.6平方米。四开间带二厢有天井二层建筑。前有内院，院右侧有院门通巷道。

舒强武宅

位于黟县宏村镇屏山村，建于清末。坐北朝南，开间10.1米，进深13.16米，占地面积132.9平方米。三开间带二厢上下厅二层建筑。左厢侧耳门通外巷路，屋后檐墙设门通厨房，隔扇窗制作精致。

舒仁华二号宅

位于黟县宏村镇屏山村，建于清代。坐北朝南，开间13.66米，进深7.8米，占地面积106.5平方米。三开间带二厢二层建筑。左厢耳门通外巷道，右厢耳门通厨房，厅内三合土斜方格地面，房间内铺松木地板，照壁后上楼。

舒仁华一号宅

位于黟县宏村镇屏山村，建于明代。坐西朝东，开间7.33米，进深9.29米，占地面积64.1平方米。三开间前后厅二层建筑。楼梯设在右边间后厅。木厅内地面横铺条砖。

舒仁宇宅

位于黟县碧阳镇郭门社区，建于清代。坐北朝南，开间9.1米，进深8米，占地面积72.8平方米。三开间带二厢有天井砖木结构二层建筑。隔扇、横风窗、构配件及门楼制作较好。

舒日煌宅

位于黟县宏村镇际村岭头组，建于清代。坐南朝北，开间9.43米，进深13.12米，占地面积123.7平方米。三开间带二厢上下厅中天井二层建筑。大门朝前坦（路），左厢侧耳门通外路，右厢侧耳门通厨房。

舒日新宅

位于黟县宏村镇屏山村，建于清末。坐东朝西，开间12.68米，进深9.94米，占地面积126平方米。三开间前后厅带二厢二层建筑。右厢耳门通厨房，从厨房上楼，后进后檐设门通巷路。

舒阮元宅

位于黟县宏村镇屏山村，建于清咸丰年间。坐西朝东，开间9.95米，进深8.84米，占地面积88平方米。三开间带二厢有天井二层建筑。右厢耳门通厨房，左厢耳门通外巷道。隔扇等制作精致。

舒瑞金宅

位于黟县宏村镇屏山村，建于清末。坐北朝南，开间14.18米，进深7.16米，占地面积101.5平方米。三开间带二厢有天井二层建筑。左侧通偏厅，右厢通厨房，照壁后上楼，后檐墙开门通内院，厨房右侧门通巷路。楼下木构件制作精美，保存较好。

舒少敏宅

位于绩溪县华阳镇舒家巷28号，建于明末清初。坐北朝南，占地面积195平方米，上下对堂，中设天井，三合土地坪，外围封火墙。用料硕大，梁柱皆为方形，室内的木雕构件略施雕刻。

舒世荣宅

位于黟县宏村镇屏山村，建于清代。坐北朝南，开间9.31米，进深15.54米，占地面积144.7平方米。二进三开间带二厢二天井加门厢二层建筑。后进照壁后上楼，前后进左厢通内院。木构配件及雕刻和隔扇门窗等制作精美。

舒寿武宅

位于黟县宏村镇屏山村，建于清代。坐东朝西，开间9.15米，进深7.9米，占地面积72.3平方米。三开间带二厢有天井二层建筑。

舒淑媛宅

位于黟县宏村镇屏山村，建于清末。坐北朝南，开间17.08米，进深15.81米，占地面积270平方米。前后进三开间带二厢二单元二层建筑。前后厢二单元相通，有天井、门楼。木雕构配件精美别致。

舒松茂宅

位于黟县宏村镇屏山村，建于清末。坐北朝南，开间9.86米，进深7.34米，占地面积72.4平方米。三开间带二厢二层建筑。左厢设楼梯上楼，右厢侧耳门通厨房。木雕构配件及隔扇门窗制作精致。

舒松奇宅

位于黟县宏村镇屏山村，建于清末。坐北朝南，开间10.03米，进深9.21米，占地面积92.4平方米。三开间带二厢有天井二层建筑。右厢耳门通厨房。三合土斜方格地面，隔扇保存完好。

舒松太宅

位于黟县宏村镇屏山村，建于清代。坐东朝西，开间16.38米，进深7.16米，占地面积117.3平方米。偏厅为三开间二层建筑，主屋为三开间带二厢有天井二层建筑，照壁后上楼。

舒霆生宅

位于黟县宏村镇屏山村，建于清代。坐西朝东，开间14.04米，进深7.52米，占地面积101.5平方米。三开间带二厢二层建筑。右厢侧耳门通厨房。隔扇门窗制作精致。

舒锡海宅

位于黟县宏村镇屏山村，建于清代。坐北朝南，开间9.39米，进深15.82米，占地面积124平方米。二进三开间带二厢有天井二层建筑。右厢耳门通外巷道，左厢耳门通厨房，从厨房内上楼，青条砖横铺地面。

舒锡涛宅

位于黟县宏村镇屏山村，建于清末。坐北朝南，开间10.12米，进深14.17米，占地面积100.1平方米。三开间带二厢二层建筑。前檐墙右侧通前厅，前厅右侧通偏房。

舒小华、胡同贵宅

位于黟县宏村镇屏山村，建于清代。坐西北朝东南，开间10米，进深8.62米，占地面积86.2平方米。三开间带二厢二层建筑。照壁后上楼。

舒晓飞宅

位于黟县宏村镇屏山村，建于清末。坐北朝南，开间14.58米，进深17.33米，占地面积227平方米。二进三开间带二厢加前门廊二层建筑。前后右厢通厨房。

舒旭初宅

位于绩溪县伏岭镇西川村54号，建于清代后期。坐东南朝西北，占地面积220平方米。二进三开间二层建筑，前后庭院。三合土地坪，东西厢房，前檐设置天井，撑拱承挑出檐，檐部装置裙板和矮窗，后进的左侧开一大门，大门砖雕门罩，两边过厢的挂落、斜撑及雀替雕刻精美。

舒银珍宅

位于黟县宏村镇屏山村，建于清代。坐东朝西，开间12.26米，进深6.2米，占地面积76.2平方米。三开间带二厢二层建筑。左厢耳门通外巷道，右厢耳门通厨房，厨房右侧通外巷道。厅内横铺条青砖，房间内直铺木地板。

舒永基宅

位于绩溪县华阳镇舒家巷12号，建于清代。坐北朝南，占地面积260平方米。三进三开间前后天井。前进为上下对堂，东西厢房，前堂已拆，室内的斜撑、雀替、平盘斗均有很精美的雕刻。规模大，做工讲究，木雕构件艺术性较高。

舒月娥宅

位于黟县宏村镇龙江村蓬厦组，建于清末。坐西朝东，开间8.55米，进深7.55米，占地面积64.6平方米。三开间带二厢二层建筑。照壁后上楼，楼上构架已改装。

舒跃光宅

位于黟县宏村镇屏山村，建于清末。坐北朝南，开间10.99米，进深9.14米，占地面积100.4平方米。三开间带二厢二层建筑。左厢上楼，左厢侧耳门通厨房。

舒再仙宅

位于黟县宏村镇屏山村，建于清末。坐北朝南，开间8.33米，进深8.43米，占地面积70.2平方米。三开间带二厢二层建筑。左厢通厨房，右厢有门通偏屋。青条砖横铺地面，房间内铺木地板。

舒灶竹宅

位于黟县宏村镇大同村半源组，建于清代。坐西北朝东南，开间8.8米，进深7.17米，占地面积63.1平方米。三开间带二厢有天井二层建筑。左厢耳门通外为大门，右厢耳门通厨房，照壁后上楼。

舒镇华等宅

位于黟县宏村镇屏山村，建于清代。坐西朝东，开间16.65米，进深7.06米，占地面积118平方米。三开间带二厢二层建筑。左厢侧耳门通外巷道，右厢侧耳门通前后偏厅，偏厅为三开间带二厢二层建筑。

舒镇华宅

位于黟县宏村镇屏山村，建于清代。坐西朝东，开间11.2米，进深7.45米，占地面积83.4平方米。二开间带厢廊有天井二层建筑。房后设楼梯，照壁后右侧门通厨房。

舒志洪宅

位于黟县碧阳镇横沟弦街，建于清代。一进三开间砖木结构二层建筑。占地面积100.31平方米，建筑面积180.57平方米。楼层为四架五檩穿斗式构架，设飞椽。堂屋明间前步廊硕大，直梁横跨柱间，梁身有雕刻。明间东西两侧木板壁装修，挂有字画楹联『茶烟清兴鹤同梦，汲来江水烹新茗』。2014年被列为黟县重点文物保护单位。

舒志军宅

位于黟县宏村镇屏山村，建于清代早期。坐北朝南，开间7.62米，进深8.1米，占地面积61.7平方米。三开间带二厢二层建筑。左厢耳门通外巷路，右厢耳门通厨房。

舒志平等宅

位于黟县宏村镇大同村郭村组，建于清代。坐北朝南，开间10.2米，进深17.6米，占地面积179.5平方米。二进三开间二天井二层建筑。隔扇门窗、斜撑、梁袱、雀替等木雕构件保存完好，花岗岩石板铺就天井地坪石和阶沿石，大门门楼雕刻精美，前进和后进照壁后各有一楼梯。

舒周飞宅

位于绩溪县伏岭镇西川村57号，建于清代后期。占地面积210平方米。上下对堂，二楼通转，设一天井。撑拱承挑出檐，檐部装置裙板和矮窗，东西厢房，外围封火墙，三合土地坪。室内的雀替、驼峰雕刻精美。

舒周雪宅

位于黟县宏村镇大同村邕川口组，建于清代。坐西朝东，开间8米，进深9.95米，占地面积79.6平方米。三开间前后厅中天井二层建筑。大门朝前，左厢耳门通厨房，楼梯在厨房内，大门砖雕门楼保护完好。

述德堂

位于婺源县江湾镇汪口村，在双桂巷内，建于清康熙年间。占地面积约180平方米，三进三开间六堂六天井穿堂式。穿堂位置在照壁两侧，后进较前进小。西侧前堂已倒塌。厨房建在三进，要高出前厅6级台阶。2005年被列为婺源县重点文物保护单位。

述志堂

位于黟县宏村镇宏村，建于清代。坐北朝南，通面阔9.2米，通进深14.4米，占地面积176平方米，建筑面积251平方米。三开间二层建筑。

树德堂

位于歙县霞坑镇里方村四组，建于清代。坐东南朝西北，二进三开间楼房。通面阔8.9米，通进深14.4米，占地面积129平方米。大门有门楼，门楼有精美的砖雕，内部梁枋、雀替、斜撑等构件有精美雕刻。

树德堂

位于婺源县段莘乡庆源村，即今庆源『驿路梨花』旧馆，建于清乾隆年间。占地面积约450平方米。屋前有庭院，边有学馆。大门青石水磨光面，门楼上6块砖雕，或镂空，或浅雕浮雕，图案寓意深远。屋分前厅与后堂。后堂为真四合式结构。屋内梁、枋、房门、窗门木雕精美，保存较完好。2005年被列为婺源县重点文物保护单位。

树德堂

位于黟县西递镇西递村，建于清咸丰年间。坐东朝西，主体通面阔9.3米，通进深7.2米，建筑面积161平方米。三开间二层建筑。

树德堂

位于歙县北岸镇白杨村方祈组，建于清代。坐西朝东，前有小院。面阔8.85米，进深7.2米，占地面积63.72平方米。主房二进三开间。通面阔9.67米，通进深13.17米，占地面积127.35平方米。门楼有精美砖雕。内有诸多木雕。厅中央有『树德堂』匾额。

树人堂

位于黟县宏村镇宏村，建于清同治年间。坐北朝南，三开间二层建筑。建筑面积332平方米。天花有彩绘，门厅、门楼、挂落、雀替完整，花园保存完整。宅基呈六角形，取『六合大顺』之意，正厅、偏厅背靠水圳，厅堂东侧有一小鱼塘，活水长流外门八字门楼。2001年被列为全国重点文物保护单位。

树滋堂

位于歙县徽城镇鲍家庄村，建于清代。坐北朝南，三进四开间砖木结构二层建筑。通面阔8.1米，通进深19.35米，占地面积158.7平方米。大门罩砖雕精美，梁柁上雕狮、马、鱼等，枋板雕『空城计』等4幅戏曲故事。堂壁上悬『树滋堂』匾额。

树滋堂

位于黟县宏村镇宏村，建于清光绪年间。坐北朝南，前后三开间二层建筑。主体通面阔10米，通进深12.7米，占地面积160.5平方米，建筑面积200平方米。建筑内的花园、木雕保存较为完整。

帅长寿宅

位于歙县雄村镇雄村荃村组，建于清代。坐北朝南偏东，一进三开间二层建筑。通面阔10米，通进深9.5米，占地面积约95平方米。门窗格子较精美。

帅来顺宅

位于歙县雄村镇朱村五组，建于清代。坐西朝东，一进二开间楼房。通面阔3.75米，通进深8.1米，占地面积30平方米。店面房，板门。

帅立忠宅

位于歙县雄村镇雄村，建于清代。坐北朝南偏东，一进三开间。通面阔10米，通进深9.5米，占地面积95平方米。门罩砖雕被破坏，主体结构保存较好。门楼保存较好。

帅顺田宅

位于歙县雄村镇雄村荃村组，建于清代。坐北朝南，一进三开间砖木结构二层建筑。通面阔10米，通进深9.5米，占地面积95平方米。门楼砖雕被破坏，内部结构较好。

帅志诚宅

位于歙县雄村镇朱村二组，建于清代。坐北朝南，一进四开间二层建筑。通面阔15米，通进深3.15米，占地面积47.25平方米。有格子板门，有一天井。

水字屋

位于歙县霞坑镇金山村五组，建于清末。坐北朝南，二进三开间二层建筑。通面阔8.5米，通进深16米，占地面积135平方米。大门有门罩，正堂两边厢房各两间，照壁后两间，前进两侧厢房两间，中间天井，两侧走廊。厅阶石完好，正堂有月梁。

顺德堂

位于歙县霞坑镇洪琴村031号、032号，建于清代。坐北朝南，二进三开间楼房。通面阔10米，通进深13.9米，占地面积约139平方米。木雕完整。门楼有砖雕。

司马第

位于婺源县沱川乡理坑村，建于明末。由余维枢建造。余维枢是吏部尚书余懋衡裔孙，清顺治年间兵部主事。清初曾先后任永年知县、兵部主事，工书能文。坐西朝东，二进三开间三天井砖木结构。面阔19.7米，进深21.6米，占地面积315.5平方米。大门朝北，檐下有灵芝大斗4个，中间青石板字牌浅刻『司马第』三字。水磨砖门面，单檐，鸱尾。门额四周有砖雕，保存较完整。内木结构为穿斗式。主体正厅三开间带二厢，浅天井，金堂玉柱。梁上的图案花纹，雕刻精美。木构件未施油漆，略有雕刻，仍保持明代建筑遗风。2006年被列为全国重点文物保护单位。

思善堂

位于婺源县清华镇洪村，在村前河岸大路边、『长寿古里』牌楼右侧，建于清代。占地面积约300平方米。洪钧之父洪立登所建。传说洪立登在南京上新河一带经营茶叶、木材和绸缎庄，人称『洪百万』，年迈后回到洪村，在洪村建造豪宅18栋，此即其一。保存较完好，木、石、砖雕精美。2005年被列为婺源县重点文物保护单位。

思恕堂

位于徽州区潜口镇蜀源村，建于清代。建筑面积385.6平方米。正屋大门开在前院偏东，进屋为门廊，中为天井。厅堂三间显厅，厅内大方砖斜铺，从西向东，天井两头各开门，东首通自家屋东首巷道，西首门通西边两间，纵向又通前进边屋三间。楼上可连通，屋面有望砖，楼板有大方砖墁地。2012年作为蜀源牌坊群及思恕堂的组成部分被列为安徽省重点文物保护单位。

思政堂

位于歙县徽城镇渔梁街15号，建于清末。三进三开间砖木结构二层建筑。通面阔13.1米，通进深18米，占地面积约136平方米。大门有精致砖雕门楼，木窗有雕花，斜撑保存较为完整。2006年被列为歙县重点文物保护单位。

嗣服堂

位于婺源县浙源乡岭脚村里村自然村56号，詹彦文建于清乾隆年间。詹广斌宅。坐东北朝西南，占地面积201.8平方米，建筑面积427.8平方米。三开间砖木结构二层建筑。由小院、前厅、后堂、余屋四部分组成，小院各有一券门，大门为水磨砖门面，上刻『钦旌孝子』四大字，砖雕人物部分毁坏严重。前厅中为天井，二楼为跑马楼，地铺青石，其梁枋、梁柁、月梁均有雕饰，后堂空间狭小，北侧经一弄堂为余屋。整个建筑整体保存基本完整。2005年被列为婺源县重点文物保护单位。

松鹤堂

位于黟县宏村镇宏村，建于清末。坐南朝北，通面阔9米，通进深9.3米，占地面积83.7平方米。空间布局严谨，建筑形式优美，雕刻和装饰很有特色，院内有一方形水塘，莲花门、斜挂落木雕完整。2001年被列为全国重点文物保护单位。

宋本湘、宋本华宅

位于歙县上丰乡屯田村外屯自然村宋振鹏宅边，建于清代。坐西朝东，二进三开间楼房（四合屋）。通面阔11.35米，通进深9.9米，占地面积112.4平方米。上下堂有厢房，天井两侧有廊，雕花屏门装隔。砖雕门楼。砖、木雕刻精美。

宋秉纯宅

位于歙县上丰乡上丰村后街，建于清代。坐西朝东，二进三开间楼房。通面阔9.9米，通进深11.5米，占地面积110平方米。门楼有简易砖雕，内部梁头及窗门有人物、花草等木雕。

宋多健宅

位于绩溪县长安镇宋家村，建于清代后期。坐北朝南，占地面积233.6平方米。二进三开间。六部通转。前、后天井，撑拱承挑出檐，方砖地坪，外围封火墙，前进和后进之间用木质影壁隔开，室内木雕构件雕刻精美。

宋高贵宅

位于歙县上丰乡屯田村外屯自然村，建于清末。坐北朝南，二进三开间四合式楼房。通面阔9.4米，通进深15米，占地面积141平方米。门前有青石板铺成的大坦。门楼砖雕。上下堂有厢房，天井两侧有廊，门窗、梁柁木雕精美。

宋观年等宅

位于歙县上丰乡屯田村外屯自然村，建于清代。坐北朝南，一进三开间楼房。通面阔9米，通进深5.35米，占地面积48.2平方米。砖雕门楼。

宋桂春宅

位于歙县徽城镇南屏村忠堡自然村，建于清代。坐北朝南，一进三开间砖木结构。通面阔9.7米，通进深7.7米，占地面积约74.69平方米。部分倒塌。

宋建龄、谢立辉宅

位于歙县上丰乡上丰村，建于清代。坐西朝东，三进三开间。通面阔8.3米，通进深17.3米，占地面积143.6平方米。上丰古中药铺遗址。前进、后进天井两侧有廊，内有木雕装饰。

宋锦荣宅

位于徽州区岩寺镇祊塘村三组，建于清代。坐东朝西，建筑面积114.52平方米。三开间上下对堂二层建筑。下堂明间为过道，两次间为房间。上堂三间，明间为厅。

宋锦先宅

位于歙县上丰乡屯田村外屯自然村，建于清代。坐北朝南，二层建筑。通面阔5.1米，通进深5.4米，占地面积27.54平方米。门前有坦。

宋锦芝、宋跃本宅

位于歙县上丰乡上丰村七组（前街下段），建于清末。坐西朝东，一进三开间二过厢楼房。通面阔9.1米，通进深5.55米，占地面积50.5平方米。天井两侧有廊。

宋锦志等宅

位于歙县上丰乡屯田村外屯自然村，建于清代。坐北朝南，二进三开间楼房。通面阔9.3米，通进深13.5米，占地面积125.6平方米。上下堂有厢房，天井两侧有廊。门楼砖雕，内梁柁、窗门木雕精美。

宋进仙宅

位于歙县许村镇许村环泉一组093号，建于清代。坐西朝东，一进三开间。通面阔10米，通进深6.7米，占地面积67平方米。无天井，堂后设楼梯。

宋菊花宅

位于歙县雄村镇鲍坑村，建于清代。坐北朝南，一进三开间二层建筑。通面阔8.9米，通进深5.35米，占地面积47.6平方米。一个天井已覆盖。

宋凯祥宅

位于绩溪县长安镇庄团村中屯自然村55号，建于清末。坐北朝南，二进三开间砖木结构上下对堂。二楼通转，东西厢房，中间设一天井，厢房两边的16扇隔扇为上图下文，集隶、篆等书法为一体。

宋岚宅

位于歙县上丰乡上丰村后街，建于清末。坐西朝东，一进三开间二过厢二层建筑。通面阔8.78米，通进深7.8米，占地面积67.9平方米。天井两厢雕花屏门装隔，上堂有厢房，窗门、梁头木雕精美。

宋立辉等宅

位于歙县上丰乡上丰村，建于清初。坐西朝东，二进三开间楼房。通面阔9.9米，通进深13.8米，占地面积约136.6平方米。天井两侧有廊，雕花屏门装隔，上下堂有厢房。砖雕门楼，门楣有鳌鱼翘角。

宋六顺宅

位于歙县上丰乡上丰村，建于清代。坐东朝西，一进三开间二过厢楼房。通面阔9.1米，通进深7.5米，占地面积68.3平方米。砖雕门楼。

宋诗词、宋临海宅

位于歙县上丰乡上丰村，建于清末。坐北朝南，一进三开间二过厢楼房。通面阔9.4米，通进深5.95米，占地面积55.9平方米。大门（侧门）朝东开，天井两侧有廊，雕花屏门装隔。

宋诗谋宅

位于歙县上丰乡上丰村后街，建于清初。坐南朝北，二进三开间楼房。通面阔7.3米，通进深15.9米，占地面积116平方米。砖雕门楼，前有门套。上下堂均为统间。天井两侧有廊，梁头、梁柁木雕精美。

宋颂平宅

位于歙县上丰乡上丰村中街，建于清代。坐东朝西，二进三开间。通面阔7.3米，通进深11米，占地面积80平方米。门对古街，砖雕门楼，内部梁头及窗纬窗门有人物、花瓶、蝙蝠等图案的木雕。

宋小毛等宅

位于歙县上丰乡屯田村，建于清代。坐西朝东，二进三开间楼房。通面阔9.55米，通进深11.5米，占地面积109.83平方米。上下堂有厢房，天井两侧有廊。

宋宜宣等宅

位于歙县上丰乡屯田村外屯自然村，建于清末。坐北朝南，二进三开间楼房。通面阔9.8米，通进深14.8米，占地面积145.02平方米。门楼砖雕。上下堂有厢房，天井两侧有廊。木雕梁柁、门窗。

宋有钢等宅

位于歙县上丰乡屯田村外屯自然村，建于清末。坐北朝南，一进三开间楼房。通面阔10.1米，通进深7.1米，占地面积71.71平方米。砖雕门楼。

宋有林、宋有红宅

位于歙县上丰乡屯田村外屯自然村，建于清代。坐北朝南，二进三开间四合式楼房。通面阔10.2米，通进深14.35米，占地面积146.37平方米。砖雕门楼，上下堂有厢房，天井两侧有廊，门窗、梁柁木雕精美。

宋玉宝宅

位于歙县徽城镇渔梁街长青路，建于清代。坐北朝南，木质土墙二层建筑。通面阔12.33米，通进深7.12米，占地面积93.43平方米。左右分布，左为大厅，右为厨房，圆柱方墩支撑。玻璃格子门窗。

宋振鹏宅

位于歙县上丰乡屯田村外屯自然村，建于清代。坐北朝南，二进三开间。通面阔10.3米，通进深9.4米，占地面积96.82平方米。门前有青石板大坦。砖雕门楼。上堂有厢房，天井两侧有廊，雕花屏门装隔。

宋志民宅

位于歙县上丰乡屯田村，建于清代。坐南朝北，一进三开间。通面阔8.35米，通进深3.7米，占地面积30.9平方米。砖雕门楼。

宋治国等宅

位于歙县上丰乡上丰村后街，建于清代。坐北朝南，四合式二层建筑。通面阔8.9米，通进深11.9米，占地面积105.9平方米。下堂两边有厢房，上堂两厢有房，天井两侧有廊。砖雕门楼。梁头、梁柁等木雕精美。

宋忠善宅

位于歙县上丰乡上丰村前街，建于清代。坐西朝东，二进三开间四合式二层建筑。通面阔9米，通进深12.5米，占地面积110平方米。门对古街，门楼有砖雕，上下堂有厢房，梁头及门窗有人物、花草木雕。

苏方金等宅

位于黄山区三口镇联中村，建于晚清。组合式民宅，中堂为二进五开间，左右两厢为一进三开间。占地面积471.03平方米，高约7米。木架结构穿斗式，水门汀地面，地沟式天井，板壁墙，天棚卷棚望砖。

苏福民、胡荣男宅

位于黟县碧阳镇赤岭村，建于清代。坐东朝西，开间9.5米，进深7.5米，占地面积71.3平方米。三开间带二厢有天井砖木结构二层建筑。木构架承重，房屋整体较完整。

苏惠娟宅

位于歙县雄村镇雄村，建于清代。坐西朝东，二进三开间二层建筑。通面阔10.35米，通进深9.2米，占地面积95.22平方米。大门口有门楼，有雕花砖雕。正厅有2根冬瓜梁，一楼有格子窗，1个天井，1个雀替。

苏建芳宅

位于黄山区永丰乡岭上村，建于清代。占地面积352平方米。以欧式风格为主、中式结构为辅，二层洋楼，中一天井，无檐口，围绕天井四周各有一大套间。东边是一大门，原为通往花厅之通道。建筑材料以混凝土、钢筋为主，砖、麻石为辅。地面距屋顶11米。

苏丽丽、唐木杰宅

位于歙县徽城镇渔梁街22号，建于清末。坐南朝北，通面阔10.9米，通进深5.95米，占地面积64.85平方米。砖木结构二层建筑。

苏美娇宅

位于黄山区永丰乡永丰村新庆组，建于晚清。占地面积82.03平方米，高约5.4米。一进三开间带二厢二层阁楼。斜方格纹水门汀地面，2个四方形平铺式天井，板壁墙，天井上檐残存斜撑6个。

苏琴宅

位于黄山区甘棠镇凤凰村大屋组，建于清代。二进五开间一天井。占地面积241.08平方米。木架结构穿斗式，门前有影壁墙，木柱多为白果木，梁为松木，屋顶有卷棚、望砖，并有偷柱，水门汀地面，墙面白灰色，堂前天井墙面为青泥花砖，卷棚有月梁，月梁图案为双狮绣球，斜撑图案为狮子戏球。

苏琼仙、庄志鹏宅

位于黟县西递镇西递村，建于清末。坐北朝南，主体通面阔9.5米，通进深7.3米，占地面积69.4平方米。三开间二层建筑。

苏社荣宅

位于黟县碧阳镇赤岭村，建于清代。坐东朝西，开间9.9米，进深9.35米，占地面积92.6平方米。三开间有天井砖木结构二层建筑。木构架承重，木构配件、隔扇门窗保存较好。

苏氏老宅

位于歙县王村镇王村老街157号对面，建于清代。二进三开间。通面阔16.45米，通进深10米，占地面积164.5平方米。大门临街，朝西。有院子。抗日战争期间，陈毅曾在二楼的一间屋居住数日。梁上花板12块，斗拱4个，雀替4个。

苏寿庆宅

位于黟县碧阳镇赤岭村，建于清代。坐东朝西，开间9.45米，进深7.95米，占地面积75.1平方米。三开间有天井砖木结构二层建筑。木构架承重，木构配件、隔扇门窗等雕刻精美。

苏思平宅

位于黄山区永丰乡永丰村新屋组，建于晚清。占地面积123.5平方米，高约5米。一进五开间。斜方格纹水门汀地面，地沟式天井，板壁墙，右侧偏房为一进格局。

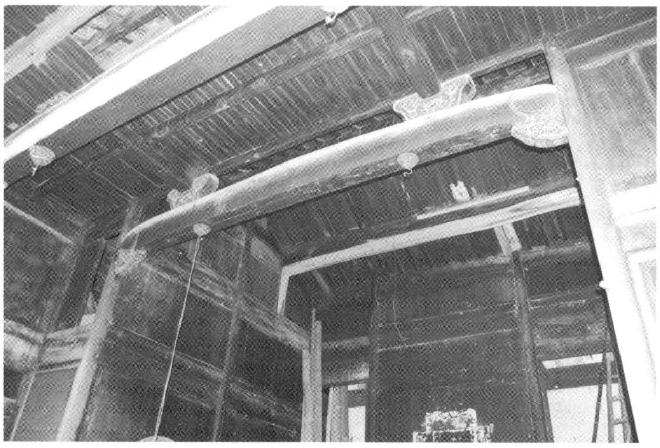

苏思涛宅

位于黄山区永丰乡永丰村新屋组，建于清末。占地面积235平方米，高6米。二进五开间。正左侧有一倚屋，为一进格局，平铺式天井，板壁墙，斜方格纹水门汀地面。

苏新元宅

位于黟县碧阳镇北街社区，建于清末。坐北朝南，开间9.15米，进深6.85米，占地面积62.7平方米。三开间带二厢有天井砖木结构二层建筑。木构架承重，木构架、装修等较完整。2014年被列为黟县重点文物保护单位。

苏修民宅

位于黄山区永丰乡岭上村，建于清代。占地面积126平方米。一进三开间一天井。正房已拆，地沟式天井，板壁墙，望砖卷棚，斜方格纹水门汀地面，斜撑保留1对，地面距屋顶6米。

苏雪痕宅

原位于歙县郑村镇郑村，现存于潜口民宅明园内，建于明代中叶。一脊二堂三开间砖木结构二层建筑，平面为『H』形。楼下明间为客厅，两侧为卧室，楼上明间有香火座。楼面板铺在搁栅上，搁栅断面呈方形，间隔30厘米，穿斗式梁架，用断面狭长的木材斧斫成弓月形，穿插于柱子之间。弧形栏杆类似方文泰宅，裙板用一板一枕的宋元护缝制做法。1988年作为潜口民宅的组成部分被列为全国重点文物保护单位。

苏雪林故居

位于黄山区永丰乡永丰村新屋组，建于清代。占地面积409平方米，高约5.2米。二进三开间三天井。平铺式天井，板壁墙，前进二厢二层阁楼。2014年被列为黄山区重点文物保护单位。

苏治平、苏接平宅

位于黟县碧阳镇赤岭村，建于清代。坐东朝西，开间9.9米，进深7.9米，占地面积78.2平方米。三开间带二厢有天井砖木结构二层建筑。木构架承重，构配件、隔扇门窗等制作较好。

孙爱民宅

位于黄山区仙源镇弦歌村岘村组，建于晚清。占地面积144.44平方米。一进五开间。穿斗式框架，水门汀地面，平铺式天井。木构件已全拆。院大门毁坏严重，面临倒塌。

孙炳珠宅

位于歙县雄村镇航步村岑山渡自然村，建于清代。坐北朝南，通面阔14.2米，通进深9米，占地面积126.9平方米。面临渐江，大门有门楼，门楼有精美砖雕。主厅用料讲究，柱础全部用青石雕刻，内容为花卉、动物等。天花板和主梁上有贴花花纹。

孙春霞宅

位于黟县碧阳镇南屏村，建于清代。坐西朝东，开间10米，进深15.25米，占地面积192.5平方米。三开间上下厅中天井砖木结构二层建筑。木构架承重，木构配件及隔扇门窗、砖作门楼制作较精致。

孙端芳宅

位于黟县碧阳镇古黄村古筑组，建于清代末期。坐北朝南，开间10.7米，进深8.2米，占地面积87.7平方米。三开间砖木结构二层建筑。有砖作门楼，保存较好，木雕刻较好。

孙福林、胡卫华宅

位于黟县碧阳镇星火村陈闾组，建于清末。坐西南朝东北，开间9.65米，进深8.15米，占地面积78.6平方米。三开间有天井砖木结构二层建筑。木构架承重。

孙高松宅

位于屯溪区屯光镇下坑口村，1999年整体迁入徽山路24号院内，建于明代。占地面积140平方米。三开间四合式三层建筑。硬山式屋顶，抬梁式构架，山脊柱直通三层屋面。内窗外栏四面封板，中置方格，宝瓶通雕灵芝卷草，望柱剔荷花瓣，二、三层四周檐栏置格子排窗。1998年被列为黄山市重点文物保护单位。

孙桂花宅

位于歙县雄村镇朱村一组，建于清代。坐北朝南，二进三开间一天井二层建筑。通面阔9.1米，通进深11米，占地面积100.1平方米。一层门面为砖结构，二层门面为木结构。大门西侧内倾斜。

孙桂枝宅

位于黟县碧阳镇古黄村古筑组，建于清末。坐北朝南，开间9.35米，进深8.40米，占地面积78.5平方米。三开间砖木结构二层建筑。彩绘天棚。

孙国平宅

位于黟县碧阳镇郭门社区，建于清末。坐西朝东，开间8.6米，进深7.2米，占地面积61.9平方米。三开间带二厢有天井砖木结构二层建筑。木构架、木装修及门楼保存较好。

孙国强宅

位于黟县碧阳镇古黄村古筑组，建于清代。坐北朝南，开间11.45米，进深8.7米，占地面积108.8平方米。三开间砖木结构二层建筑。彩绘天棚，有楼行栏板。

孙和气宅

位于歙县富堨镇中溪村凤凰四组，建于清代。坐北朝南，一进三开间楼房。通面阔9.55米，通进深10.1米，占地面积96.5平方米。有简易门楼，内部有简单雕刻。

孙惠娟宅

位于歙县雄村镇柘林倍村，建于清代。坐东朝西，一进五开间二层楼房。通面阔16.5米，通进深8.8米，占地面积145.2平方米。有格子窗、格子门，圆形石柱础，冬瓜梁，简易斜撑。

孙惠仁宅

位于歙县雄村镇夏坑村五组，建于清代。坐西朝东，一进三开间一天井二层建筑。通面阔8.92米，通进深5.67米，占地面积50.58平方米。有格子窗，方形石础。

孙吉文宅

位于黟县碧阳镇古黄村古筑组，建于清代。坐北朝南，开间10.25米，进深8米，占地面积82平方米。三开间带二厢有天井砖木结构二层建筑。木构配件制作较好。

孙继成宅

位于黟县碧阳镇古黄村古筑组，建于清末。坐北朝南，开间9.05米，进深13.65米，占地面积123.5平方米。三开间带二厢上下厅中天井砖木结构二层建筑。木构架及木装修较好。

孙坚自宅

位于黄山区仙源镇龙山村羊河组，建于清代。占地面积139平方米。二进三开间。木架结构穿斗式，木框架部分腐烂，构件已全部拆除，水门汀地面已损坏，平铺式天井。后有脚屋一间，已改建。

孙建忠宅

位于歙县徽城镇渔梁街59-6号，建于清代。坐东朝西，一进单开间砖木结构二层建筑。通面阔3.8米，通进深11.21米，占地面积约42.6平方米。木门。

孙金城宅

位于黟县碧阳镇古黄村古筑组，建于清代。坐北朝南，开间8.45米，进深6.25米，占地面积52.8平方米。三开间带二厢有天井砖木结构二层建筑。木构配件及隔扇、横风窗、楼行栏杆等较好。

孙金祥宅

位于歙县徽城镇紫阳村，建于清代。坐北朝南，一进五开间砖木结构二层建筑。通面阔14.45米，通进深5.2米，占地面积约75.14平方米。大门有门楼。

孙锦标等宅

位于歙县徽城镇紫阳村榨川组，建于清初。坐北朝南，二进三开间一天井砖木结构二层建筑。通面阔9.5米，通进深12.35米，占地面积117.3平方米。大门有简易门楼。

孙景定宅

位于黟县碧阳镇古黄村古筑组，建于清代。坐东朝西，开间13.4米，进深8.45米，占地面积113.2平方米。五开间带二厢砖木结构二层建筑。

孙景炎宅

位于歙县雄村镇庄源村三组，建于清代。坐南朝北，二进三开间。通面阔9.17米，通进深11.27米，占地面积103.3平方米。有天井、格子花板、格子窗、门套、简易门楼。

孙九红、孙志龙宅

位于黟县柯村乡三合村孙村组，建于清代。坐北朝南，开间9.05米，进深9米，占地面积81.5平方米。三开间带二厢上厅下堂有天井二层建筑。正前面为入口大门，照壁后上楼，前檐设卷棚轩。

孙来宝宅

位于黄山区仙源镇弦歌村岘街组，建于晚清。占地面积70平方米。一进三开间，穿斗式。两边厢房为阁楼，天井、地面已改变。有简易斜撑4个。

孙立民等宅

位于黟县宏村镇大同村万村组，建于清代。坐西朝东，开间9.6米，进深12.75米，占地面积122.4平方米。三开间前后厅中天井带二厢二层建筑，左厢耳门通厨房，照壁后上楼，隔扇门窗较精致，砖雕门楼保存完好。

孙良梅宅

位于黄山区仙源镇龙山村洋河组，建于晚清。占地面积245平方米，高约6米。二进五开间。木架结构穿斗式，斜方格纹水门汀地面，平铺式天井(一主二耳)，白灰墙与板壁墙相结合。天棚望砖，卷棚月梁，月梁为花卉图饰(牡丹)，天井上檐残存4个斜撑。

孙玲玲、孙思孟宅

位于黟县碧阳镇古黄村古筑组，建于清代。坐北朝南，开间16.2米，进深14.05米，占地面积189.2平方米。三开间前后厅带二厢二天井二层建筑，砖木结构，木构配件及隔扇门窗、砖作门楼等较好。

孙录花宅

位于歙县坑口乡瀹源村，建于清末。坐东南朝西北，砖木结构，四合式上下对堂二层楼房。通面阔9.6米，通进深13.18米，占地面积126.53平方米。上堂前檐、照壁两边装梁，有排头柱撑，两厢未装隔扇。

孙美菊宅

位于黄山区仙源镇龙山村西门组，建于清代。占地面积183平方米。前院后宅，前有门廊，中有主宅，东有偏房，主宅二进三开间，高约6米。木架结构穿斗式，斜方格纹水门汀地面，前天井为地沟式天井，后天井为平铺式天井，板壁墙，天棚望砖，后进有阁楼、美人靠。前天井上檐有斜撑8个，后天井有斜撑8个。

孙美如、胡荣仙宅

位于黟县碧阳镇北街社区，建于清代。坐西朝东，开间9.9米，进深15米，占地面积148.5平方米。二进三开间前后厅带二厢有天井二层建筑。砖木结构，木构架承重，木构架、装修等较完整，构配件、隔扇等制作较好。2014年被列为黟县重点文物保护单位。

孙明栋宅

位于歙县雄村镇夏坑村五组，建于清代。坐南朝北，一进三开间二层建筑。通面阔8.85米，通进深4.05米，占地面积35.84平方米。一层门面为砖水泥结构，二层门面为木结构。有格子窗和方形石柱础。

孙铭宅

位于徽州区西溪南镇西溪南村东风组，建于清代。坐南朝北，建筑面积171.57平方米。二进三开间二层建筑。下廊三间一披水，三间均有隔扇屏门。前进为三间显厅，两次间装格子屏门。后进厅，两次间均为砖砌房间。楼上前后进相通，一脊翻两堂。

孙佩初等宅

位于黟县碧阳镇古黄村古筑组，建于清代。坐北朝南，开间9.65米，进深14.25米，占地面积137.5平方米。前后进三开间带二厢二天井砖木结构二层建筑。隔扇门窗及木构配件、砖作门楼保存较好。

孙起孟故居

位于休宁县商山镇双桥村，建于清道光年间。教育家、社会活动家孙起孟故居。占地面积976平方米，建筑面积678平方米。三进三开间。2015年安徽省文物局拨款整体修缮，尊重原始格局，建成『孙起孟故居陈列馆』。2004年被列为安徽省重点文物保护单位。

孙蓉宅

位于黟县碧阳镇柏山村下历组，建于清末。坐北朝南，开间10.3米，进深17.6米，占地面积181.3平方米。二进五开间二天井砖木结构二层建筑。彩绘天棚。

孙如保宅

位于屯溪区屯光镇上草市下村7号、8号，建于明清时期，由两栋连体建筑组成。占地面积约182平方米。坐东朝西，大门朝南，硬山式屋顶，一进三开间砖木结构三层建筑。1985年被列为屯溪区重点文物保护单位。

孙生栋等宅

位于歙县徽城镇大梅口村，建于清代。坐北朝南，一进三开间二层建筑。通面阔7.9米，通进深7.4米，占地面积58.46平方米。有天井和冬瓜梁，木雕门窗。

孙胜兰宅

位于歙县徽城镇紫阳村，建于清末。坐北朝南，二进三开间有天井二层建筑，后进倒塌。通面阔8.15米，通进深13.4米，占地面积109.2平方米。大门有砖雕门楼，砖雕被破坏。内部构件有雕刻。

孙寿玉宅

位于黟县碧阳镇古黄村古筑组，建于清代。坐西朝东，开间10.35米，进深18.4米，占地面积190.4平方米。二进三开间带二厢二天井砖木结构二层建筑。木构配件及隔扇门窗、飞罩制作较好。

孙曙宝、叶国华宅

位于黟县碧阳镇古黄村古筑组，建于清代。坐北朝南，开间9.85米，进深7.3米，占地面积71.9平方米。三开间带二厢有天井砖木结构二层建筑。木构配件及隔扇、横风、楼行窗保存较好。

孙树龙宅

位于黟县碧阳镇古黄村古筑组，建于清代。坐北朝南，开间9.16米，进深5.85米，占地面积53.6平方米。三开间带二厢砖木结构二层建筑。

孙松柏宅

位于黟县碧阳镇古黄村古筑组，建于清代。坐北朝南，开间10.15米，进深6.99米，占地面积56.3平方米。三开间一厅二房二层建筑。

孙同悦等宅

位于黄山区三口镇巷联村下孙组，建于晚清。二进五开间。占地面积291.85平方米，高约6.5米。木架结构穿斗式，水门汀地面，平铺式天井，前进为白灰砖墙，后进为木板壁墙，天棚卷棚望砖。

孙文仙宅

位于歙县雄村镇雄村十六组，建于清代。二进三开间楼房。通面阔8.7米，通进深14米，占地面积121.8平方米。两边装有厢房，前进倒塌，仅存后进。

孙文修宅

位于歙县王村镇王村烟西自然村20号，建于清代。坐东朝西，二进三开间二天井砖木结构二层建筑。通面阔10.65米，通进深17.65米，占地面积187.97平方米。临街。门楼有2小块砖雕，上有虎头滴水瓦。一进为石灰地面（民国时期重铺），二进为砖石地面。

孙熙昌、孙自强宅

位于黟县碧阳镇古黄村古筑组，建于清代。坐北朝南，开间9.58米，进深7.97米，占地面积76.4平方米。三开间砖木结构二层建筑。

孙熙昌宅

位于黟县碧阳镇古黄村古筑组，建于清代。坐北朝南，开间9.15米，进深9.45米，占地面积86.5平方米。三开间砖木结构二层建筑。

孙熙玲宅

位于黟县碧阳镇古黄村古筑组，建于清代。坐西朝东，开间9.75米，进深8.35米，占地面积81.4平方米。三开间带二厢有天井砖木结构二层建筑。隔扇、横风窗、飞罩及构配件制作较好。

孙先兆、程剑东宅

位于黟县碧阳镇郭门社区，建于清代。坐西朝东，开间9.9米，进深18.85米，占地面积186.6平方米。二进三开间带二厢砖木结构二层建筑（前进为上下厅中天井）。隔扇、横风窗、飞罩及门楼制作较好。

孙小平宅

位于歙县雄村镇朱村五组，建于清代。坐西朝东，一进三开间二层建筑。通面阔8.27米，通进深4.6米，占地面积40.1平方米。有斜撑和格子窗。

孙新安宅

位于歙县许村镇许村环泉自然村015号，建于清代。坐南朝北，呈不规则形状。前面阔6.1米，后面阔7.2米，通进深4.7米，占地面积31.25平方米。

孙新和宅

位于黟县碧阳镇古黄村古筑组，建于清代。坐西朝东，开间10.05米，进深7.35米，占地面积73.9平方米。三开间带二厢有天井砖木结构二层建筑。隔扇、横风窗和楼行栏杆及砖作门楼制作较好。

孙新建宅

位于黟县碧阳镇古黄村古筑组，建于清代。坐北朝南，开间9.3米，进深8米，占地面积74.4平方米。三开间砖木结构二层建筑。木构配件及隔扇制作较好。

孙新永宅

位于黟县碧阳镇古黄村古筑组，建于清代。坐北朝南，开间10.2米，进深9.45米，占地面积96.4平方米。三开间带二厢有天井砖木结构二层建筑。木构配件及隔扇、横风窗制作较好。

孙新忠宅

位于黟县碧阳镇古黄村古筑组，建于清代。坐北朝南，开间8.8米，进深7.5米，占地面积66平方米。三开间带二厢有天井砖木结构二层建筑。隔扇、横风窗、楼行栏杆及门楼等制作较好。

孙秀华宅

位于歙县徽城镇渔梁街，建于清代。坐南朝北，二进三开间砖木结构二层建筑。通面阔8米，通进深9.5米，占地面积74平方米。木门。

孙旭明、孙乾钧宅

位于黟县碧阳镇古黄村古筑组，建于清代。坐东北朝西南，开间8.75米，进深6.8米，占地面积59.5平方米。三开间带二厢有天井砖木结构二层建筑。木构架、木门窗、砖作门楼制作较好。

孙雪臣宅

位于黟县碧阳镇古黄村古筑组，建于清代。坐北朝南偏西，开间7.45米，进深6.9米，占地面积51.4平方米。三开间带二厢有天井砖木结构二层建筑。

孙雪华宅

位于黟县碧阳镇古黄村古筑组，建于清代。坐北朝南，开间9.4米，进深6.95米，占地面积65.3平方米。三开间砖木结构二层建筑。木雕刻较好。

孙雪中等宅

位于黟县碧阳镇古黄村古筑组，建于清末。坐北朝南，开间9.25米，进深12.9米，占地面积119.3平方米。三开间上下厅中天井砖木结构二层建筑。

孙益男宅

位于黟县碧阳镇古黄村古筑组，建于清代。坐北朝南，开间9.05米，进深9.3米，占地面积83.5平方米。三开间二层建筑。

孙阴昌宅

位于黟县碧阳镇古黄村古筑组，建于清代。坐北朝南，开间9.5米，进深10.5米，占地面积99.8平方米。三开间带二厢上下厅中天井砖木结构二层建筑。隔扇门窗、横风窗、飞罩及木构配件、砖作门楼制作较好。

孙永迪宅

位于歙县徽城镇紫阳村，建于清代。坐西朝东，一进三开间砖木结构二层建筑。通面阔7.6米，通进深8.15米，占地面积约61.94平方米。有天井、格子窗、砖雕。

孙永华、孙永龙宅

位于歙县徽城镇紫阳村，建于清代。坐北朝南，一进三开间砖木结构二层建筑。通面阔9.4米，通进深4.95米，占地面积46.53平方米。有木雕。

孙有宝宅

位于歙县徽城镇紫阳村，建于清代。坐北朝南，通面阔4.95米，通进深5.1米，占地面积约25.25平方米。砖木结构二层建筑。

孙玉根、陈光明宅

位于黄山区仙源镇龙山村横街组，建于晚清。占地面积256平方米，高约6米。二进五开间，西侧有耳房，前有宅院。木架结构穿斗式，斜方格纹水门汀地面，地沟式天井，西侧有耳井，白灰墙，墙与板壁墙结合。天棚望砖，卷棚偷柱。卷棚月梁为花卉图案，天井上檐有斜撑6个。

孙育林宅

位于黟县碧阳镇古黄村古筑组，建于清代。坐北朝南，开间9.85米，进深9.45米，占地面积93.1平方米。三开间带二厢有天井砖木结构二层建筑。木构配件及隔扇门窗、横风、砖作门楼保存较好。

孙元希宅

位于黟县碧阳镇古黄村古筑组，建于清末。坐北朝南，开间7.75米，进深6.7米，占地面积51.9平方米。三开间砖木结构二层建筑。木构架及装修制作较好。

孙跃文等宅

位于休宁县万安镇休宁中学（休宁中学校史馆西侧）内，建于清代。占地面积124.3平方米。建筑共四进，一进门屋、二进三开间享堂、三进四合大厅、四进三开间住宅。大梁方形，柱础呈圆鼓状。平盘斗雕刻草龙、几何图案。地面为水磨金砖铺就。

孙赵泉宅

位于黟县宏村镇龙江村孙徐组，建于清代。坐东南朝西北，开间11.9米，进深7.3米，占地面积86.9平方米。三开间一天井左带厨房二层建筑。右厢侧门为入口，左厢侧门通厨房，正厅一步显顶。内设活动木梯。

孙振岳宅

位于歙县雄村镇朱村五组，建于清代。坐北朝南，一进三开间二层建筑。通面阔9.1米，通进深5.1米，占地面积46.4平方米。有格子窗。

孙转兆宅

位于黟县碧阳镇古黄村古筑组，建于清代。坐北朝南，开间9.85米，进深7.95米，占地面积78.3平方米。三开间带二厢有天井砖木结构二层建筑。有隔扇、横风窗和楼行栏杆，制作较好。

孙宗俊宅

位于黄山区仙源镇弦歌村岘街组，建于清代。占地面积69平方米。一进三开间。木架结构穿斗式，望板天棚，水门汀地面已改水泥地面。天井和天井上檐已覆盖，存有斜撑4个，梁袱4个，后进厢房有阁楼。

太廉堂

位于黟县西递镇西递村，建于清代。坐北朝南，占地面积174.3平方米。由结构相同的并列两幢建筑组成，每幢皆为三开间二层建筑。主体通面阔18.8米，通进深7.9米，另有附属建筑厨房、院落组合成一个整体。

太平公房

位于黄山区仙源镇龙山村中市组，建于清代。二进五开间。占地面积234平方米，高约5.5米。木架结构穿斗式，斜方格纹水门汀地面，天井下明堂平铺式，白灰砖墙，天棚望砖，有卷棚偷柱。左厢侧有一直通前后的回廊，三天井，一主井，两耳井。

太史第

位于婺源县段莘乡庆源村，建于清康熙年间。占地面积720平方米。清顺治十六年(1659)进士、翰林院检讨詹养沉寓所。三进三天井。总占地面积约1300平方米。大门为石库门，门楼砖雕精湛。院内有古罗汉松一株。2005年被列为上饶市重点文物保护单位。

太宰读书处

位于婺源县中云镇桃溪村坑头自然村。原为明代南京兵部尚书潘潢书屋，只留存屋前鱼塘两口。大门首保留明嘉靖三十六年(1557)婺源知县郑国宾题写的『太宰读书处』匾额。2006年被列为江西省重点文物保护单位。

谭根海宅

位于黄山区甘棠镇十字畈村沿河组，建于清代。二进三开间。占地面积122.61平方米。木架结构穿斗式，斜方格纹水门汀地面，天棚望砖。

谭秋平宅

位于黄山区三口镇联中村高桥组，建于晚清。二进三开间。占地面积156.505平方米，高约6米。木架结构穿斗式，水门汀地面，天井下明堂平铺式，前进为白灰墙，后进为板壁墙，天棚望砖。天井上檐有斜撑8个。

谭永达等宅

位于黄山区耿城镇饶村齐心组，建于晚清。二进五开间。占地面积251.69平方米，高约7米。木架结构穿斗式，屋顶有偷柱，水门汀地面，天井下明堂地沟式，板壁墙，卷棚望砖，卷棚有月梁。

谭永和等宅

位于黄山区耿城镇饶村齐心组，建于晚清。二进三开间。占地面积262.1平方米，高约6米。木架结穿斗式，有偷柱，水门汀地面，平铺式天井，白灰墙，天棚卷棚望砖。

谭竹溪书屋

位于黄山区耿城镇饶村齐心组，建于清代。主宅为一进三开间，左侧偏房两间。占地面积130.84平方米，高约5米。木架结构穿斗式，水门汀地面，白灰墙，天棚望砖。

汤晨亮宅

位于黟县宏村镇龙江村江村二组，建于清代。坐西北朝东南，通面阔9.15米，通进深7.7米，占地面积70.5平方米。三开间有天井二层建筑。正前大门为入口，右侧门通厨房，照壁后上楼。

汤国平宅

位于黟县西递镇西递村，建于清同治年间。坐西朝东，主体通面阔10.2米，通进深15米，建筑面积153平方米。三开间二层建筑。

汤继生宅

位于黟县宏村镇汤蜀村查村组，建于清代。坐北朝南，通面阔9.5米，通进深7.28米，占地面积69.2平方米，三开间带二厢有天井二层建筑。右厢侧耳门通外路。天井下明堂加瓦顶。

汤晋桥、汤志纯宅

位于黄山区耿城镇辅村中心组，建于晚清。二进三开间。占地面积189平方米，高约5米。硬山式屋顶，木架结构穿斗式，中柱直接到顶，水门汀地面，中有平铺式天井，天棚望砖现已拆除。前有一八字门楼。

汤觉明、盛世红宅

位于黟县宏村镇朱村，建于清末。坐东北朝西南，通面阔10.25米，通进深17.45米，占地面积178.45平方米。主楼为二进三开间二天井二层建筑。照壁后上楼，底层较高。大方砖斜铺地面。木构配件、隔扇等制作较好。

汤克智宅

位于黟县碧阳镇北街社区，建于清代。坐北朝南，通面阔8.6米，通进深10.1米，占地面积86.9平方米。三开间带二厢有天井砖木结构二层建筑。木构架承重，木构架、装修等保存较完整，构配件、隔扇等制作较好，天棚彩绘。

汤立发宅

位于黟县宏村镇汤蜀村柏川组，建于清代。坐西朝东，通面阔9.54米，通进深7.22米，占地面积68.9平方米。三开间带二厢有天井二层建筑。左厢侧耳门为入口大门，右厢侧耳门通厨房，照壁后上楼。三合土地坪。

汤平荪、唐梓毫宅

位于黟县宏村镇汤蜀村蜀里组，建于清代。坐北朝南，通面阔9.3米，通进深8.35米，占地面积77.7平方米。三开间带二厢有天井二层建筑。照壁后上楼，左厢侧耳门通外路，右厢侧耳门通厨房，大门朝前院，木构配件制作较好。

汤荣富宅

位于黟县宏村镇汤蜀村柏川组，建于清代。坐西朝东，通面阔8.44米，通进深7.3米，占地面积61.6平方米。三开间带二厢有天井二层建筑。照壁后上楼，大门朝前。三合土地坪。

汤士华、朱世禄宅

位于黟县渔亭镇楠玛村，建于清代中期。坐北朝南，通面阔16.3米，通进深7.9米，占地面积128.8平方米。五开间有天井二层建筑。正前面大门，照壁后上楼。青条石铺地，木构架、装修等较完整。

汤小牛宅

位于黄山区甘棠镇庄里村黄荆组，建于清代。二进五开间二天井。占地面积285.36平方米。木架结构穿斗式，水门汀地面。基本为松木建造，青泥花砖墙面，后天井下明堂斜撑残存2个，后进有阁楼，南、北两侧均为附属建筑。

汤英明宅

位于黟县宏村镇汤蜀村胡村组，建于清末。坐北朝南，通面阔9.37米，通进深7.63米，占地面积71.5平方米。三开间带二厢二层建筑。右厢侧耳门通厨房。三合土斜方格地面。

汤跃学宅

位于黟县碧阳镇钟山村田二组，建于清代。坐北朝南，通面阔10.1米，通进深9.35米，占地面积94.4平方米。三开间砖木结构二层建筑。彩绘天棚，木构架及木门窗雕刻制作较好。

汤志权宅

位于黟县洪星乡红光村汤村组，建于清代。坐南朝北，通面阔11.1米，通进深8.25米，占地面积91.6平方米。二进三开间有天井二层建筑。正前面大门，后进上楼。三合土地坪，构配件、隔扇门窗制作较好，门楼较好。

唐安恒宅

位于休宁县海阳镇齐宁社区横巷6-7号，为老宅割断而成，建于清代。坐北朝南，一进三开间。占地面积157.89平方米。结构简单，斜撑整体呈如意状，饰花卉，挂落饰斜方格图案。

唐观春宅

位于歙县徽城镇渔梁街，建于清代。坐南朝北，一进三开间砖木结构二层建筑。通面阔4.6米，通进深16米，占地面积约58平方米。木门破坏，有格子窗。

唐国强宅

位于黟县西递镇西递村，建于清代。坐北朝南，通面阔9.5米，通进深7.3米，占地面积69.4平方米。三开间二层建筑。

唐荷花等宅

位于歙县徽城镇大梅口村，建于清代。坐南朝北，砖木结构二层建筑。通面阔9米，通进深13.4米，占地面积120平方米。青石门楼，有砖雕。

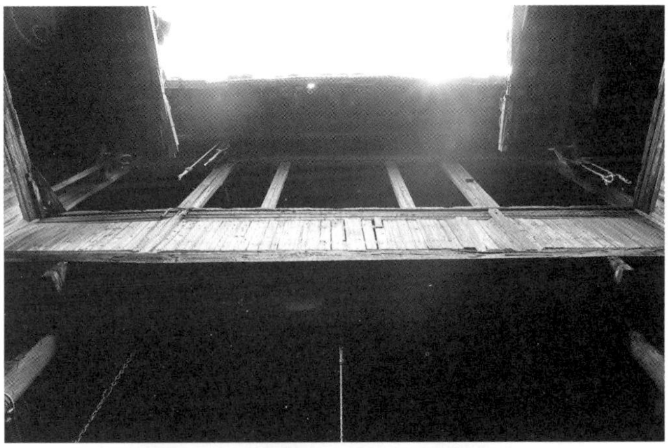

唐家顺宅

位于徽州区岩寺镇瑶村，建于清代。坐东朝西，建筑面积21.29平方米。一进三开间二层建筑。正屋三间，明间为厅，两次间为房。楼上装格子门，三开间带二厢，地面墁大方砖，屋面铺望砖。前围护墙上有陶瓷落水管。

唐兰花宅

位于绩溪县家朋乡磡头村怀恩堂23号，建于清代晚期。坐东北朝西南，占地面积145平方米。由门楼、庭院、附属房和正厅四部分组成，由大门进入门楼，穿过一圆形门，进入庭院。由庭院进入正厅，正厅一进三开间二层建筑。抬梁穿斗并用式梁架。梁架和基础保存较好，室内木雕构件雕刻精美。

唐兰宅

位于歙县徽城镇渔梁街，建于清代。坐北朝南，一进三开间砖木结构二层建筑。通面阔12米，通进深8.3米，占地面积约100平方米。木门格子窗。

唐林宅

位于歙县徽城镇南屏村忠堡自然村，建于清代。坐北朝南，一进三开间砖木结构二层建筑。通面阔8米，通进深6米，占地面积约48平方米。

唐满霞宅

位于绩溪县家朋乡磡头村狮子墩自然村16号左侧，建于清代晚期。坐西北朝东南，占地面积80平方米。一进三开间二层建筑。抬梁穿斗并用式梁架，撑拱承挑出檐，前檐檐部设一天井，三合土地坪，硬山式屋顶，外砌封火墙，梁架和基础较好，室内的木雕构件雕刻精美。

唐茂林宅

位于黟县西递镇西递村，建于清代。坐西北朝东南，通面阔14.2米，通进深8.5米，建筑面积121平方米。三开间二层建筑。

唐梦生、宋雪琴宅

位于黄山区仙源镇龙山村大北门组，建于晚清。占地面积255平方米，高约5.5米。二进五开间，中有一大天井，左、右厢各二耳井。木架结构穿斗式，斜方格纹水门汀地面，天井下明堂地沟式，板壁墙，天棚望砖，卷棚偷柱。卷棚处有一对月梁（双狮戏球），天井上檐有斜撑6个。

唐胜鼓宅

位于歙县徽城镇渔梁街，建于清代。坐北朝南，通面阔7.4米，通进深8.5米，占地面积60平方米。木质土墙二层，圆柱高墩支撑，玻璃格子门窗，结构布局简单，现有改造。

唐诗度宅

位于徽州区潜口镇坤沙村竹坞自然村，建于清代。坐西南朝东北，建筑面积419平方米。二进三开间二层建筑。大门开在正面居中，有砖雕门罩。前进为三间显厅，后进为三间两阁厢。楼上三间分割，走马楼与前进互通，大方砖斜铺地，屋面有望砖。

唐桃花宅

位于歙县森村乡黄备村，建于清末。坐西朝东。通面阔8.1米，通进深9米，占地面积72.9平方米。三开间，有天井、砖木雕。

唐小美宅

位于歙县徽城镇渔梁街102-10号，建于清代。坐北朝南，木质土墙二层建筑。通面阔3.4米，通进深7.6米，占地面积24平方米。玻璃格子门窗，圆柱方墩支撑。下层为大厅和厨房，上层为卧房，结构简单。

唐云波宅

位于歙县许村镇前村上九一组046号，建于清代。坐南朝北，二进三开间一天井。通面阔9.3米，通进深11.7米，占地面积108.8平方米。大门朝西开，底层上下4个斜撑花木、人物木雕尚存，左厢房尚存格子门5扇，窗门、窗栏基本保持原貌。

唐忠平宅

位于歙县徽城镇渔梁社区，建于清代。坐北朝南，一进三开间砖木结构二层建筑。通面阔5.8米，通进深5.8米，占地面积约33平方米。

塘坞众宅

位于歙县徽城镇鲍川村塘坞自然村，建于清代。坐北朝南，一进三开间砖木结构二层建筑。通面阔6米，通进深5.6米，占地面积约34平方米。部分倒塌。

塘园

位于歙县杞梓里镇皤溪村，建于清末。坐北朝南，二进三开间。通面阔7.95米，通进深11.85米，占地面积约94.21平方米。围墙门朝西，中为庭院，南为配屋，现改为厨房，青石门框，砖雕门楼。

桃李园

位于黟县西递镇西递村，建于清咸丰年间。坐南朝北，占地面积294平方米，建筑面积454平方米。三进三开间二层建筑。徽商胡元熙的故居，进深用三处天井串联中轴线，二、三进之间用砖墙隔置，中间有门相通，门上刻有清乾隆年间书法家汪思道所书『桃花源里人家』青石门额，后进三间的两侧次间用12块花扇门相隔，门上镶有漆雕《醉翁亭记》全文，为清顺治年间黟县书法家黄元治手书。2001年被列为全国重点文物保护单位。

桃园居

位于黟县宏村镇宏村，建于清光绪年间。坐北朝南，占地面积660平方米。建筑内木雕艺术精湛，天井下明堂栏板雕有一插翅飞马，构图新颖，东侧偏厅9幢扇门雕刻精细，上雕有孔融让梨、季子挂剑、卧冰求鲤、岳母刺字等图案。北首为一玻璃厅，楼层为廊式观景楼，庭院内植有牡丹、山茶，环境幽雅。2001年被列为全国重点文物保护单位。

陶金水等宅

位于黄山区仙源镇龙山村大北门组，建于清代。一进五开间。占地面积163.35平方米，高约5米。木架结构穿斗式，水门汀地面，天井下明堂地沟式，白灰砖墙，天棚望砖，有卷棚偷柱。卷棚窗存月梁一对。

陶龙玉宅

位于黄山区仙源镇龙山村车站组，建于清代。二进三开间。占地面积135平方米，高约5.5米。木架结构穿斗式，斜方格纹水门汀地面，天井下明堂地沟式，板壁墙，天棚望砖。

陶行知启蒙馆

位于休宁县万安镇万安老街皂荚巷，建于清代。占地面积240平方米。典型的晚清徽派民居。分前、后厅，立柱方形，斜撑雕倒悬狮，雀替饰花卉，木隔扇窗饰方格。曾为吴尔宽私塾，人民教育家陶行知幼时就读于此，接受启蒙教育。2008年被列为黄山市重点文物保护单位。

陶玉兰等宅

位于黄山区甘棠镇甘棠社区，建于清代。占地面积约261平方米。二进五开间。前后进之间有3个天井。木架结构穿斗式，水门汀地面，青泥花砖墙，望砖天棚，有卷棚。有斜撑6个，大梁袱5个，月梁2个，木质为松木、柏木等。

陶章义宅

位于黄山区永丰乡永丰村新屋组，建于晚清。占地面积268.3平方米，高约5.75米。二进三开间。木架结构穿斗式，斜方格纹水门汀地面，天井下明堂平铺式，板壁墙，望板卷棚。有月梁一对，为双狮戏球，正房左侧有一偏房，为一进格局。

天官上卿第

位于婺源县沱川乡理坑村，建于明代。尚书余懋衡府第，是余懋衡为接待女婿建造的客馆。坐西朝东，前中后三进。进深9.96米，面阔8.4米，总占地面积156平方米。粉白的马头山墙高墙垣围与硬山式的屋顶组成封闭的建筑空间，木架结构穿斗式。主体建筑三开间带二厢，分天井、两厢、两正房、厅堂。前进雀替深雕，土面方柱，素础，梁枋素净，天井下明堂半浅。楼上、楼下隔扇门，上堂金砖铺地，中堂改建为厨房，后堂倒塌。建筑的木构配件不施雕刻、油漆，裸露着木质与纹理的自然美，建筑紧凑简朴，至今保持明代建筑风格。2006年被列为全国重点文物保护单位。

天心堂

位于歙县北岸镇瞻淇村，建于明末。二进五开间二层建筑。通面阔9.85米，通进深17米，占地面积167平方米。前进三开间，中为门厅，两侧为房。中进明、次间一统为厅，两梢间为房。金柱梭形，覆盆础，有石踬。堂匾额『天心堂』三字为明代书画家董其昌手书。2004年被列为安徽省重点文物保护单位。

田明达宅

位于歙县徽城镇新路街52-1号，建于清代。坐北朝南，二进三开间带天井砖木结构二层建筑。通面阔10.5米，通进深17.7米，占地面积185平方米。圆柱支撑，窗有木雕。

同安堂

位于休宁县海阳镇齐宁社区齐宁街152号，建于清代。占地面积647.47平方米。坐北朝南，共四进。门楼砖雕如意、人物、仙鹤、花卉等。一进大厅柱础圆鼓状雕花，雀替雕草龙、花卉，斜撑饰草龙，平盘斗雕人物，悬挂『友仁堂』木匾。二进为三开间，雀替雕如意，柱础圆鼓状，地袱石装饰如意，木隔扇窗饰几何图案。三进为五开间，柱础圆鼓状，木隔扇窗饰几何图案。四进呈八合，柱础圆鼓状，地袱石饰金钱，木隔扇窗饰几何图案。有一古井，井圈鼓状，高0.38米，口径0.4米。2017年被列为黄山市重点文物保护单位。

铜绿坊

位于婺源县秋口镇李坑村，建于清代中叶。占地面积356平方米。商人李有诚故居，商宅主人经营铜绿生意起家，仿官厅建筑风格，设有『中堂门』，三进四天井，宽敞宏大，梁枋有精美木雕，后进三间晒楼的左右两间地板上有高1米左右的夹层，作为谷仓。2005年被列为上饶市重点文物保护单位。

童丽华宅

位于歙县雄村镇卖花渔村九组148号，建于清代。坐西朝东，一进三开间一天井二层建筑。通面阔10.6米，通进深8.75米，占地面积92.75平方米。有格子窗、雀替、斜撑、圆形石柱础，有花格子门。

万爱凤宅

位于黟县宏村镇宏村，建于清代。坐北朝南，占地面积65平方米，建筑面积130平方米。主体通面阔8.3米，通进深5.3米。三开间二层建筑。

万春宅

位于徽州区潜口镇潜口村，建于清代。建筑面积147.66平方米。三开间二层建筑。围绕天井下明堂，两边筑房，三间起楼。北面一幢为楼房，东面一幢为一层加暗阁，北面三间，中间为厅，次间为房。

万桂英宅

位于黟县宏村镇宏村，建于清代。坐西北朝东南，占地面积238.4平方米。正屋三开间二层，前后二进。木构架大部分已破损，前后设有两天井，前进地面已改为混凝土结构。正屋前大院西侧和南侧后建有附属建筑，作为偏厅和厨房。

万罗德宅

位于黟县宏村镇宏村，建于清代。坐北朝南，占地面积172平方米，建筑面积333平方米。主体通面阔14米，通进深8.6米。四合式二层建筑。

万罗发宅

位于黟县宏村镇宏村，建于清代。坐北朝南，主体通面阔10.4米，通进深12.6米，占地面积131平方米，建筑面积246平方米。三开间二层建筑。

万氏故居

位于黟县宏村镇宏村，建于清代。坐北朝南，占地面积47.96平方米。二开间卷棚式二层建筑。南侧二楼建有观景台，木构架保存较好，东侧建有花园，有青石假山和水池，整座房子布局别致小巧。

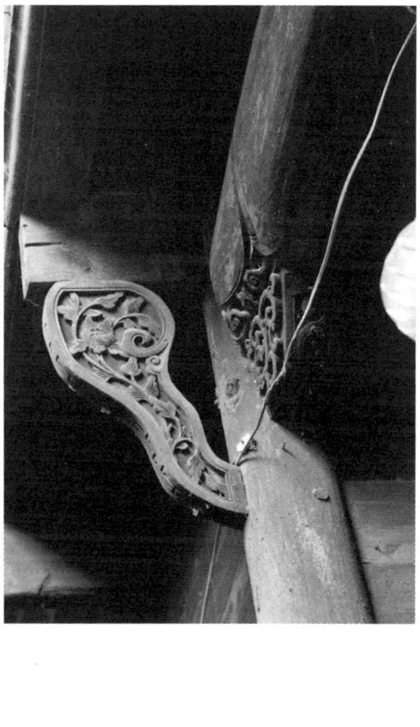

万双琴等宅

位于休宁县万安镇万新村上武洪自然村(古城岩西南方1千米处)，建于清代。坐西朝东，一进三开间。占地面积108平方米。柱础方形，月梁呈冬瓜状，裙板饰有花草、草龙等图案，楼上梁架为穿斗式，厢房有护板围栏。

万秀娟宅

位于黟县宏村镇屏山村，建于清末。坐北朝南，通面阔10.01米，通进深7.87米，占地面积78.7平方米。三开间带二厢二层建筑。左厢侧耳门通外巷道，右前檐墙设门通厨房。三合土斜方格地面，隔扇门窗及木构配件制作精致。

万元海宅

位于黟县宏村镇宏村，建于清代。坐北朝南，主体通面阔8.6米，通进深8.6米，占地面积74平方米，建筑面积148平方米。三开间二层建筑。

万跃泉宅

位于黟县宏村镇宏村，建于清代。坐西朝东，主体通面阔8.7米，通进深7.6米，占地面积146平方米，建筑面积233平方米。三开间二层建筑。

汪爱国宅

位于歙县徽城镇大梅口村，建于清代。坐南朝北，一进三开间带天井砖木结构二层建筑。通面阔8.6米，通进深5.25米，占地面积45.15平方米。有小冬瓜梁，有木雕。

汪爱龙、程继生宅

位于黟县碧阳镇碧山村碧东组，建于清代。坐北朝南，通面阔10.25米，通进深19.75米，占地面积202.4平方米。三进三开间带二厢砖木结构二层建筑。隔扇门窗、横风窗保存较好。

汪爱珍宅

位于歙县北岸镇呈村降村呈东组，建于清代。坐西朝东，一进三开间。通面阔5.85米，通进深9.1米，占地面积53.24平方米。门楼有砖雕，内有少量木雕。

汪安定宅

位于徽州区潜口镇潜口村虹光三组，建于清代。坐西朝东，建筑面积86平方米。一进三开间二层建筑，进门明间为厅，原为店堂。一脊翻两堂，脊后三间为住宅。大门前檐口有两重檐，檐下有双重雕刻精美的挂落。楼上明间为厅，两次间为房，脊前脊后一通房。

汪安兰宅

位于歙县溪头镇洪村口村，建于清代。坐东朝西，二进三开间楼房。通面阔11.6米，通进深13.7米，占地面积191.2平方米。内部保存较完整。左侧厨房。

汪佰良宅

位于黟县宏村镇宏村，建于清代早期。坐北朝南，占地面积243平方米。三开间二层建筑。分前后两进（一脊挂两堂），前后两天厅，一楼木构架保存较完整。

汪柏树等宅

位于歙县许村镇前村武山下二组，建于清代。坐西朝东，二进三开间带天井楼房。通面阔9.3米，通进深10.75米，占地面积100平方米。

汪柏松宅

位于歙县雄村镇柘林倍村，建于清代。坐东朝西，一进三开间二层建筑。通面阔9.02米，通进深9.05米，占地面积81.6平方米。一层门面为砖结构，二层门面为木结构。有花窗，有方形石柱础。房后有附属旧房。大门一侧向东偏移0.2米。

汪邦杰宅

位于休宁县海阳镇汪溪村，建于清代。坐南朝北，一进五开间。大门开在边上。通面阔8米，通进深10.35米，占地面积82.8平方米。房屋雕刻较简单，窗隔扇为小方格，裙板饰如意纹，雀替雕动物图案，柱础为方形。

汪宝宝宅

位于黟县宏村镇宏村，建于清咸丰年间。坐北朝南，门楼保存完整，主体通面阔10米，通进深11.9米，占地面积293平方米，建筑面积350平方米。四合式二层建筑。

汪宝林等宅

位于歙县徽城镇大梅口村，建于清代。坐东朝西，一进三开间。通面阔9.4米，通进深9.2米，占地面积86平方米。天井下明堂较为开阔，格子门窗，麻石门楼。

汪宝全宅

位于歙县深渡镇向丰村，建于清代。坐北朝南，通面阔4米，通进深15.6米，占地面积62.4平方米。前厅后房，厅后楼梯，楼梯后为厨房。厅右侧开边门。

汪宝亭宅

位于歙县坑口乡瀹坑村汪村自然村，建于清末。坐东南朝西北，一进三开间砖木结构二层建筑。面阔9.8米，进深7.6米，占地面积74.5平方米。装有梁，有槛窗、窗衣。原为四合式上下对堂建筑。

汪宝香宅

位于歙县徽城镇大北街55-1号，建于清末。坐北朝南，一进三开间楼房。通面阔8.12米，通进深6.91米，占地面积56.1平方米。砖木结构，格子窗栏，楼上为格子窗。天井两边有回廊，照壁后上楼，前有小院。

汪保慈宅

位于黟县宏村镇宏村，建于清光绪年间。坐北朝南，二进三开间砖木结构二层建筑。主体通面阔10米，通进深18.1米，占地面积209平方米，建筑面积315平方米。莲花门、门槛等保存完好，木雕精美，天花完好。

汪保康宅

位于祁门县箬坑乡下汪村，又名『志勤堂』。坐南朝北，走马楼式砖木结构二层建筑。通面阔10.85米，通进深15.5米，占地面积168平方米。屋内花窗、隔扇、斜撑等雕刻精美，保存较好，内设天井，厢房四间，青石、地砖铺地。

汪本礼宅

位于屯溪区新潭镇长林村双忠组，建于清代。坐东北朝西南，二进三开间前后二天井砖木结构二层建筑。占地面积426.29平方米。门厅三间全部红紫石铺砌，两庑各有门通往户外。上堂明间为客厅，次间隔断用砖竖砌，照壁后有门通往后进，后进东庑有门通往原厨房。楼上为走马楼，有天花，檐口有望板。楼城隔扇门装修，保存较完整。

汪必发宅

位于歙县徽城镇大梅口村，建于清末。坐北朝南，二进三开间楼房。通面阔8.6米，通进深19米，占地面积163.4平方米。门楼有砖雕。内部有雕刻。

汪碧桃宅

位于黟县碧阳镇赤岭村，建于清末。坐东朝西，通面阔8.8米，通进深7米，占地面积61.6平方米。三开间有天井砖木结构二层建筑。木构架承重，整体较完整。

汪碧霞宅

位于绩溪县瀛洲镇龙川村127号，建于清代后期。坐北朝南，占地面积125平方米。一进三开间。前檐设一天井，撑拱承挑出檐，抬梁穿斗并用式梁架，三合土地坪，外围封火墙，室内木结构不施雕刻，建筑保存完整。

汪炳林宅

位于黟县碧阳镇关麓村，建于清代。坐南朝北，通面阔8.85米，通进深8.2米，占地面积72.6平方米。三开间有天井砖木结构二层建筑。木构架承重，房屋整体保存较完整，隔扇门窗制作较好，门楼完好。

汪炳强等宅

位于休宁县汪村镇杨源村左源组023号，建于清代。坐南朝北，一进三开间。占地面积69.46平方米。青石门洞，立柱及柱础方形，雀替雕花卉，木隔扇窗雕宝瓶，楼栏板饰卷叶纹。

汪炳印等宅

位于歙县坑口乡坑口村芳坑自然村，建于清代。坐东北朝西南，一进三开间砖木结构二层建筑。通面阔7.22米，通进深4.22米，占地面积30.47平方米。无砖木雕饰。

汪彩娥宅

位于歙县徽城镇紫阳村，建于清代。坐南朝北，二进三开间带天井二层建筑。通面阔16.72米，通进深14.6米，占地面积约243.6平方米。有格子窗。有简易门楼。

汪彩娴宅

位于绩溪县上庄镇上庄村适之路46号，建于清代早期。坐北朝南，占地面积88平方米。一进三开间二层建筑。硬山式屋顶，外围封火墙，方砖地坪，东西厢房。墙体用芦苇砌筑，内装修粗犷淳朴，有明显的清代早期建筑特征，柱上有太平军留下的刀痕。

汪彩秀宅

位于歙县北岸镇白杨村方祈自然村，建于清代。坐东朝西，二进三开间。通面阔10米，通进深12.2米，占地面积122平方米。门楼无砖雕，内部部分木雕较精美。

汪灿华宅

位于休宁县五城镇月潭村，建于清光绪十七年（1891）。坐南朝北，共两进。占地面积200.72平方米。门罩砖雕花卉等图案，一进为三开间，地铺红砂石板，柱础圆鼓状，雀替、斜撑雕花卉，内大门上沿书有建筑年代等信息，木隔扇窗饰方格；二进为四合式，柱础方形、圆鼓状，斜撑雕花卉、『卍』字，雀替雕花卉。

汪昌福宅

位于歙县深渡镇向丰村四敢组，建于清代。坐南朝北，二进三开间楼房。通面阔8.1米，通进深10.1米，占地面积81.8平方米。天井下明堂左边有楼梯，内部保护较好，门楼有简易砖雕。

汪昌明宅

位于歙县雄村镇庄源村六组，建于清代。通面阔11米，通进深11.02米，占地面积121.22平方米。二层建筑。有冬瓜梁和石础，有格子窗和天井。

汪昌顺宅

位于歙县深渡镇向丰村红旗组，建于清代。坐西朝东，通面阔7米，通进深5.7米，占地面积39.9平方米。俗称『半边斜』，北厅南厢房，厢房内有楼梯上楼。门楼挑檐，素雕。

汪长福、汪全福宅

位于歙县北岸镇瞻淇村青塘组，建于清代。坐西朝东，二进三开间。通面阔10.8米，通进深15.6米，占地面积168.5平方米。无雕刻，内有部分木雕。

汪长流宅

位于歙县溪头镇洪村口村全川自然村，建于清代。坐南朝北，二进三开间砖木结构二层建筑。通面阔9.5米，通进深12米，占地面积160平方米。内部结构保存完好，有门楼。

汪超美宅

位于绩溪县瀛洲镇仁里村43号，建于清代晚期。坐东北朝西南，占地面积110平方米。二层建筑。硬山式屋顶，抬梁穿斗并用式梁架，三合土地坪，外围封火墙，前檐檐部设一天井，正厅两侧为厢，二楼用矮窗装饰，室内的木雕构件精美。

汪成康宅

位于歙县徽城镇就田村，建于清代。坐南朝北，一进三开间砖木结构二层建筑。通面阔8.7米，通进深4.3米，占地面积38平方米。

汪诚松宅

位于休宁县海阳镇齐宁社区苏家巷12-5号，建于清代。坐南朝北，一进三开间。占地面积85.2平方米。地面铺红砂石板，雀替雕花卉，斜撑镂空雕花卉，额枋雕宝瓶、花卉。

汪承岳宅

位于徽州区潜口镇澄塘村陈村外联组，建于清代。坐东北朝西南，建筑面积417.02平方米。三开间二对堂二层建筑。下堂明间为厅，左右房向厅开门。上堂三间，明间为厅，两次间为房，向厅开门，向天井下明堂开窗。楼上走马楼，与一层同样布局。沿天井一圈装格子门，屋面前檐有望砖。

汪春荀宅

位于歙县深渡镇绵潭村燎原组，建于清代。坐北朝南，通面阔7.7米，通进深7.9米，占地面积58.8平方米。前厅后房中间楼梯二层建筑。门楼挑檐，镶青砖及砖雕。

汪春兰宅

位于歙县坑口乡瀹源村瀹坑自然村，建于清代。坐北朝南，一进三开间『品』字砖木结构二层建筑。通面阔10.6米，通进深10.2米，占地面积108.12平方米。靠壁天井，楼房装有梁，有槛窗、窗衣、隔扇。大门内单披檐。门楼雕刻简朴，保护完好。

汪春利宅

位于歙县坑口乡瀹坑村汪村自然村，建于清代。坐东南朝西北，一开间砖木结构二层建筑。通面阔5.9米，通进深6.45米，占地面积38平方米。砖雕精美，有木雕套门。

汪春明宅

位于黟县宏村镇屏山村，建于清末。坐北朝南，通面阔9.08米，通进深7.22米，占地面积65.6平方米。三开间带二厢有天井二层建筑。左厢耳门通厨房，右边间前檐墙门通屋前廊与对面屋相通。

汪春玉宅

位于歙县北岸镇北岸村，建于清代。坐北朝南，二进三开间。宅左有附属屋相连。通面阔13.3米，通进深10米，占地面积133平方米。门楼有部分砖雕，内有诸多木雕，较精美。

汪春云等宅

位于黟县宏村镇汤蜀村茂林组，建于清代。坐东北朝西南，通面阔15.43米，通进深7.3米，占地面积112.6平方米。三开间带二厢有天井二层建筑。照壁后上楼，大门朝前，右厢侧耳门通外路，左厢侧耳门通偏屋，偏屋左侧墙门通厨房。三合土斜方格地面，木铺楼板，有门楼。

汪慈六宅

位于绩溪县伏岭镇上西村140号，建于清代后期。坐北朝南，占地面积70.6平方米。一进三开间二层建筑。天井设在前檐，撑拱承挑出檐，檐部装置裙板和矮窗，外围封火墙，三合土地坪，室内的斜撑、挂落、雀替、驼峰雕刻非常精美。

汪翠宝等宅

位于歙县徽城镇南屏村潘岭自然村，建于清代。坐北朝南，通面阔10米，通进深6.6米，占地面积约66平方米。砖木结构二层建筑。格子门窗，门楼，有砖雕。

汪翠眉宅

位于黟县碧阳镇北街社区，建于清代。坐南朝北，通面阔9.45米，通进深8.15米，占地面积77平方米。三开间有天井砖木结构二层建筑。木构架承重，木构架、装修等较完整，构配件、隔扇等制作较好，保存较完整。

汪翠香等宅

位于歙县徽城镇大梅口村，建于清代。坐北朝南，二进三开间。通面阔9.5米，通进深13.4米，占地面积约128平方米。有较小天井，前有小院，格子门窗，镶玻璃，雕花。

汪大道宅

位于徽州区潜口镇潜口村，建于清代。坐北朝南，建筑面积94.44平方米。三开间二对堂二层建筑。门厅红石铺地，两次间为住房。上堂三间，两次间为住房。楼上大方砖铺地，三间分割与楼下相同，檐口有斗拱，屋面有望砖。

汪大海宅

位于徽州区潜口镇澄塘村陈村里一组，建于清代。坐西北朝东南，建筑面积64.2平方米。一进三开间二层建筑。上堂三间，明间为厅，两次间为房，向厅开门，向天井下明堂开窗，坎下为混水墙，坎上正中双开窗扇，有花格子门。

汪大华宅

位于绩溪县上庄镇余村29号，建于清代后期。坐北朝南，占地面积185平方米，上下对堂，二楼通转，东西厢房，三合土地坪，室内的斜撑、雀替均有精美雕刻。前有庭院，院内地坪用青石板横铺而成，大门里面的门楼上用砖砌成菱形，中间嵌入一个『福』字。

汪大生宅

位于徽州区呈坎镇呈坎村北，建于清代。坐西朝东，建筑面积72.52平方米。南廊开边门通巷，上有简易门罩，三间两架，条砖地面，一明两暗，厢房朝厅开门，楼梯设照壁后，临天井下明堂向有斜撑雕刻，北廊内开边门通外杂院。

汪大燮故居

位于黟县宏村镇宏村，建于清咸丰年间。坐南朝北，占地面积542平方米。北洋政府国务总理兼财政总长汪大燮故居，是其少年时期生活的地方。大门前有石板敞地，两侧摆长条石，门罩、额枋、扇门等刻工精湛，构图逼真，大多为吉祥图案，未加粉饰，朴实自然，厅堂东侧有一花园，西侧为小三间偏厅、厨房。2001年被列为全国重点文物保护单位。

汪大勇宅

位于徽州区西溪南镇琶村，建于清代。坐东朝西，建筑面积197.43平方米。二进三开间二层建筑。门厅三间店面，实木拼活动排门。楼上三间，明间为厅，次间为房。后进屋架为民国时期重修。

汪黛儿宅

位于黟县碧阳镇碧山村碧东组，建于清末。坐西北朝东南，通面阔10.05米，通进深11.9米，占地面积119.1平方米。三开间上下堂一天井二层建筑。木装修基本完整，楼行栏杆完好齐全，木构架完好，整体保存情况较好。

汪道明宅

位于歙县徽城镇渔梁街92-32号，建于清末。坐北朝南，通面阔8.2米，通进深11.2米，占地面积91.84平方米。木质土墙二层建筑。结构较为简单，圆柱方墩支撑，玻璃格子门窗。

汪道生、吴亚琴宅

位于歙县北岸镇白杨村新桥自然村，建于清代。坐西朝东，二进三开间。通面阔13.15米，通进深9.6米，占地面积126.24平方米。门楼无砖雕，内有木雕。